子未语

半部《论语》在民间

林电锋◎编著

中国财政经济出版社

图书在版编目（CIP）数据

子未语：半部《论语》在民间 / 林电锋编著. —北京：中国财政经济出版社，2014.6

ISBN 978-7-5095-5105-9

Ⅰ.①子… Ⅱ.①林… Ⅲ.①儒家②《论语》-研究 Ⅳ.①B222.25

中国版本图书馆 CIP 数据核字（2014）第 031352 号

责任编辑：潘　飞　　　　责任印制：刘春年
责任校对：王　英　　　　排版制作：丁丁图文

中国财政经济出版社出版

URL：http://www.cfeph.cn

E-mail：cfeph@cfeph.cn

社址：北京市海淀区阜成路甲 28 号　邮政编码：100142

营销中心电话：010-88190406　北京财经书店电话：010-64033436

北京中兴印刷有限公司印刷　各地新华书店经销

787×1092 毫米　16 开　13.25 印张　175 000 字

2014 年 8 月第 1 版　2014 年 8 月北京第 1 次印刷

定价：35.00 元

ISBN 978-7-5095-5105-9/B·0020

（图书出现印装问题，本社负责调换）

本社质量投诉电话：010-88190744

反盗版举报热线：88190492　88190446

前言

凡事讲缘分，十年前兴起读诵经典热，我辅导孩子背诵经典，没想到爱上了《论语》。

《论语》是孔子及其弟子的言论集，是儒家经典著作之一。该书由孔子的弟子及其再传弟子编写，全文分二十篇，是典型的语录体著作，也是汉语文章的典范，更是我国文化思想史上璀璨的明珠。

在学习《论语》的过程中，我产生了一些疑问，主要有：(1) 孔子是怎样学习的？重点学什么？(2) 颜回是孔子最得意的学生，可是《论语》中他的言行却很少，他有何过人之处？(3) 孔子平生很希望通过为政实现心中的理想，他的实际能力如何？(4) 孔子创立了儒家，他认为一个真正的儒者应具备哪些品德？(5) 孔子倡导的中庸之道，有没有具体的描述？(6) 孔子研究《易经》颇深，有没有心得体会？等等。

抱着这样的求学态度，我学习了一些《春》、《秋》及秦汉时期的典籍，发现除《论语》外，散落在各种典籍中的孔子言论真不少！因此，我产生了收集这些言论的想法。希望能捡回散落在各地的珍宝，集成一串绚丽多彩的项链！

经过十年努力，终于尘埃落定，在反复斟酌下，汇成十六篇：

第 1 篇爱亲：倡导爱亲的思想，要爱父母爱亲友，核心是孝道。

第 2 篇少成：强调自我修养以及注重积累、防微杜渐的重要性，核心是立志。

第3篇大节：为人要做到大的方面正确，保持个人操守，核心是气节。

第4篇明德：培育良好的品德是立身之本，核心是品德。

第5篇中庸：做什么事情都要不偏不倚、恰到好处，核心是中道。

第6篇良史：正直的人方能行得正、走得远，核心是正直。

第7篇至礼：人要讲礼仪，并做好历史文化的传承，核心是礼仪。

第8篇读易：擅于在纷纭复杂的社会中找到自己的位置，核心是变通。

第9篇惟学：没有深入的学习就没有强大的自己，核心是学习。

第10篇取人：重视社会交往，塑造良好的人际关系，核心是诚信。

第11篇儒行：要具有高尚的个人情操和良好的思想行为，核心是理想。

第12篇春秋：坚持为民服务的思想，敢于说真话，核心是公心。

第13篇刑教：加强道德自律，尽量少犯错误，核心是守法。

第14篇颜回：加强个人品德培养，形成良好人格，核心是自律。

第15篇遂行：敢于改变自己，多接触社会和接受考验，核心是磨炼。

第16篇问政：人要多为社会做事，尽力造福百姓，核心是爱民。

在这里，基本回应了我的几个疑问，也弥补了《论语》内容上的不足。

在爱亲篇里，我们重点听孔子讲述孝道的真义；中庸篇里，更加明白为什么说中庸之道是一种至高境界；在读易篇里，深刻了知孔子孜孜不倦的求学精神；儒行篇里，懂得作为一个儒者，应具备什么样的抱负；在颜回篇里，学习领会颜回是怎样立身处世的；等等。

为使读者更加明了全书内容，我将其概括为“三基五学，三强五行”。

关于“三基五学”，即前八篇，重点是注重个人修养，健全良好人格。

“三基”，即爱亲、少成、大节，阐述孝道是立身之本，个人要注重从小养成，做人要坚持正确的方向，这些是立身的基本。

“五学”，即第4至第8篇，每个人都要“明德、守中（道）、行正（直）、知礼（仪）、通变（化）”，这是个人的基本素质。

关于“三强五行”，即后8篇，重点是主动参与社会，展示个人才华。

“三强”，即第9至第11篇，要“强学习”，加强学习；“强交往”，建立良好人际关系；“强行止”，像真正的儒者一样，做好自己的事情。

“五行”，即第12至第16篇，人要做到“为公”，春秋精神倡导天下为公；“循法”，既要加强法治，更要奉公守法；“垂范”，像颜回一样具有良好的人格；“能行”，能用则用，不用则行，像孔子一样周游列国；“有为”，学好知识，就要服务社会。

孔子的思想和学说博大精深，由于本人能力所限，整部书中肯定存在很多不足，诚挚恳请专家学者和读者朋友批评指正！

凡例

一、本书内容，主体分为原文、译文、感悟三部分，结尾附有一篇点评短文。原文为《论语》外其他典籍中孔子及其学生的言行；译文为原文的翻译，如果原文意思比较清楚的，尽量不译；感悟是作者对本条内容的点评，有助于读者的理解。

二、在各种典籍中，孔子的言论比较庞杂，选录时坚持“六从”原则。

（1）从儒不从道。以儒家经典为主，比如，荀子是儒家，庄子是道家，同样的内容选荀子的。

（2）从史不从杂。采用史书记载的，慎用非史书的，如选用《史记》、《汉书》的。

（3）从前不从后。以越接近孔子时代的典籍为主，最迟的不超过汉代。如左丘明（公元前502—公元前422年）与孔子（公元前551—公元前479年）几乎同时期，则采用他的《左传》。

（4）从近不从疏。以孔子的弟子及其嫡传门人记载的为主，如选用子思、孟子的。

（5）从正不从反。采用对孔子正面评价的。如墨子攻讦孔子的言行，一般不采用。

（6）从简不从繁。采用简洁明了、短小精悍的，接近《论语》的文风。

三、增补《论语》，就要“像”《论语》。

（1）统一内文标题。《论语》二十篇内文，是取用每篇文章前面两三个字作标题。这里也学习这种做法，用每篇文章第一句话的核心词为标题，基本能反映每一篇的主题思想。

（2）统一相关表述。如文句中的“仲尼、孔子、夫子曰”，统一为“子曰”；“孔子闻之说”或“故孔子曰”，也统一为“子曰”。

（3）统一全书形式。如《礼记·儒行》，是独立的一篇文章，在本书中每段增加了“子曰”。

（4）统一全书风格。《论语》不仅是孔子的言行，还有弟子们的言行，属于“子曰”的，约占全书的54.8%，“弟子曰”（即弟子的言行）的约占7.3%，“叙事”（描述一件事）的约占11.3%，“其他”的约占1.4%。进行选录时，充分吸收弟子们的言行，与《论语》的风格一致。

四、依照精简原则，对某些言论进行合理整编。

（1）尽量做到原文照录，保持原汁原味。如“子曰：‘《易》其至矣乎！’”

（2）原文较长，或选取前面要点部分，或取其精华内容。如《孝经》中，“子曰：‘夫孝，天之经也，地之义也，民之行也……民具尔瞻’”，全文很长，只选取开头部分。

（3）原文很长，内容非常丰富，则按照内容分为几部分，分别加上“子曰”，成为独立部分。如《礼记》中，“孔子曰：‘大道之行也，与三代之英，丘未之逮也……是谓小康’”，讲述天下为公、大同和小康思想，分别截取为几个部分，既达到文辞简练、内容集中、利于学习，又不影响原著本来面貌的目的。

（4）注重与时俱进，一些内容于今没有意义的则不录；删节、截取相关内容时，尽量不丧失其本意，不产生歧义或误解。

五、编写的思路。

（1）类似的表述，采用比较精辟的。如《史记·孔子世家》：“孔子曰：‘后世知丘者以《春秋》，而罪丘者亦以《春秋》。’”《孟子》：“孔子曰：‘知我者其惟春秋乎！罪我者其惟春秋乎！’”后者表述精辟，更富内涵，故取后者。

（2）《论语》是孔子及其弟子的语录，同时采集弟子的言论。如子路曰：“食其食者不避其难。”“君子死而冠不免。”

（3）孔子的言行，在春秋及后代的典籍中引用的很多，在此过程中，出现同样的事情表述相同或差异的情况，遵循“六从”原则，进行选用。如“楚王出游亡弓”一文，在《孔子家语·好生》、《吕氏春秋·孟春纪》、《公孙龙子·迹府》等书籍中，均有记录。按照“从儒不从道，从近不从疏”的原则，采用《孔子家语》的。

六、依照一定的逻辑关系进行结构编排。

有人说《论语》的编排是随意的，其实未能体会作者的苦心。本书的内容虽来自几十部原著，但坚持按照一本完整的书的原则来合理编排。全书十六个部分各有相应的逻辑关系，每一篇里面也具有一定的逻辑关系。如《爱亲第一》中，先讲述爱亲的意义和内涵，再讲具体的做法，然后是容易出现的误区、如何实践等内容，请读者阅读时留意。

目录

第 1 篇　爱亲

导读： 爱亲，就是爱父母长辈，爱自己的亲人，并延伸至爱亲朋好友，乃至爱社会、爱国家。核心是孝。爱亲意识的日益淡薄，产生了很多社会问题。因此，必须唤醒人们的爱亲意识，重构家庭和社会。本篇内容主要选自《孝经》、《礼记》等。

1.1 子曰："爱亲者，不敢恶于人；敬亲者，不敢慢于人。爱敬尽于事亲，而德教加于百姓，刑于四海。盖天子之孝也。"

【译文】孔子说："能亲爱父母的人，就不会厌恶别人的父母；尊敬父母的人，也不会怠慢别人的父母。以恭敬之心侍奉双亲，而将德行教化百姓，使百姓遵从效法，这就是天子的孝道！"

【感悟】孝道是什么？孝道就是爱亲，爱父母亲人。如果不爱自己的父母，却能爱别人的父母，这不是很荒唐吗？

1.2 子曰："夫孝，德之本也，教之所由生也。"

【译文】孔子说："孝是一切德行的根本，也是教化产生的根源。"

【感悟】孝道是个人道德和品行的核心。若不爱自己的亲人，哪有德行可言？

1.3 子曰："夫孝，天之经也，地之义也，民之行也。天地之经，而民是则之。则天之明，因地之利，以顺天下。是以其教不肃而成，其政不严而治。”

【译文】孔子说：“孝道犹如日月星辰的运行，地上万物的生长，是人类生存最根本的品行。天地有其自然法则，人类从中领悟、仿效而遵循它。效法上天那永恒不变的规律，利用大地中的优势，顺乎自然规律对民众施以政教。因此其教化不需严肃施为就可成功，其政治不需严厉推行就能得以治理。”

【感悟】古人善于学习，能从大自然中吸取各种知识，指出孝道是天经地义的，是一切行为的根本。如果每个人都做到了，国家和社会就和谐了。

1.4 子曰：“立爱自亲始，教民睦也。立教自长始，教民顺也。教以慈睦，而民贵有亲。教以敬长，而民贵用命。孝以事亲，顺以听命，错诸天下，无所不行。”

【译文】孔子说：“欲立爱于天下，应先教育人民爱双亲，这样就可使人民和睦相处。欲立敬于天下，应教育人民敬兄长，这样就可使人民懂得顺从。教导人民慈爱和睦，人民就会以事奉双亲为美德。教导人民尊敬兄长，人民就会以顺从命令为美德。以孝心事奉双亲，以顺从的态度听从命令，天下人人如此，就不会有办不到的事情。”

【感悟】如何做到爱亲？那就必须从小教育孩子爱父母，爱身边的人。古代通过“举孝廉”的方式，考察一个人是否做到孝顺亲长、廉能正直，这一点作为当官的基本要求，是很有道理的。

1.5 子曰：“昔者明王之以孝治天下也，不敢遗小国之臣，而况于公、侯、伯、子、男乎？故得万国之欢心，以事其先王。治国者，不敢侮于鳏寡，而况于士民乎？”

【译文】孔子说：“从前圣明的君王是以孝道治理天下的，即便是对小国臣属也不遗弃，更何况是公、侯、伯、子、男五等诸侯呢？因此能够得到诸侯国臣民的欢心，使他们奉祀先王。治理封国的诸侯，即便是对鳏寡之人也不敢欺侮，更何况对他的臣民百姓？”

【感悟】一个热爱父母的人，也能热爱其他人，热爱这个社会。古代明君正是看到这一点，以孝道治天下，真正将臣民看成父母，无论是什么身份都一视同仁，这个国家还能不太平吗？

1.6 子曰：“昔者，明王事父孝，故事天明；事母孝，故事地察；长幼顺，故上下治。”

【译文】孔子说：“从前，明君孝敬父亲，所以能明了上天覆庇万物的道理；孝敬母亲，所以能明察大地孕育万物的道理。理顺好长幼秩序，使上下得到治理。”

【感悟】老天爷不管“儿女”好坏，像“父母”一样宠养着人类。国家领导者治理天下，如果能学习到其中的道理，那真是好极了！

1.7 子曰：“天地之性，人为贵。人之行，莫大于孝。”

【译文】孔子说：“天地万物中，人类最尊贵。人类行为中，没有比孝道更大的了。”

【感悟】佛说：“人身难得。”万物之中以人为贵，而孝又是人的行为中最可贵的，所以多孝敬父母吧！

1.8 子曰：“夫圣人之德，又何以加于孝乎？故亲生之膝下，以养父母日严。圣人因严以教敬，因亲以教爱。”

【译文】孔子说：“圣人的德行，又有什么能超出孝道的呢？子女敬爱父母在年幼时就产生了，日益懂得对父母尊严的爱敬。圣人依据这种子女对父母尊敬的天性，教导人们对父母孝敬；又凭借子女对父母天生的亲情，教导他们爱的道理。”

【感悟】孔子说过，如果你感受到父母在孩子生病时的心情，就知道提倡孝道的重要性了。反过来，为何长大了、成家了却不孝敬父母呢？你的儿女长大了，也仿效你吗？

1.9 子曰：“不爱其亲而爱他人者，谓之悖德；不敬其亲而敬他人者，谓之悖礼。”

【译文】孔子说：“不爱敬父母却爱敬别人的行为，这叫违背道德；不尊敬父母而尊敬别人的行为，这叫违背礼法。”

【感悟】做人做事，千条万条，要从爱父母开始，这是孔子千告诫万告诫的。因为不爱自己的父母却爱别人，肯定是虚情假意的。

1.10 子曰：“孝子之事亲也，居则致其敬，养则致其乐，病则致其忧，丧则致其哀，祭则致其严。五者备矣，然后能事亲。事亲者，居上不骄，为下不乱，在丑[①]不争。居上而骄则亡，为下而乱则刑，在丑而争则兵。三者不除，虽日用三牲之养，犹为不孝也。”

【译文】孔子说：“孝子侍奉父母，日常家居要竭尽恭敬，供奉饮食时要表达出快乐，父母生病时要极为关切，父母去世后要哀伤料理后事，祭祀先人要敬仰肃穆。这五方面做到了，方可称为尽到子女责任。侍奉双亲，身居高位而不骄横，为人臣下而不犯上作乱，在民众中间和顺相处。居高位而骄傲者势必灭亡，在下层而作乱者必遭刑罚，在民众中争斗则会相互残杀。这三项恶事不除，即便对父母天天备有牛羊猪的美味赡养，还是不孝之人。”

【感悟】孝敬父母，核心是“恭敬”两字。很多人养有宠物，那种全身心投入的精神让人感动。如果赡养父母，能像对待自己的宠物那样，也不错了。

---

① 丑：众，卑贱之人。

1.11 子曰：“五刑之属三千，而罪莫大于不孝。”

【译文】孔子说：“处以五种严重刑罚的律令有三千条，最严重的罪是不孝。”

【感悟】古人将不孝之罪列为大罪，而当今社会中，抛弃父母、不赡养父母，却成为常事，岂不令人深思吗？

1.12 子曰：“君子之教以孝也，非家至而日见之也。教以孝，所以敬天下之为人父者也。”

【译文】孔子说：“君子教人以行孝道，并不是挨家去推行，也不是天天去面授。教人孝行，是让天下父母都能受到尊敬。”

【感悟】推行孝道其实很简单，就是让天下的父母都受尊敬。

1.13 子曰：“君子之事亲孝，故忠可移于君。”

【译文】孔子说：“君子尽心孝道，能把孝心移作对君主的忠心。”

【感悟】道理很简单，孝是忠的基础！古代是忠君，而今是爱父母、爱祖国。

1.14 子曰：“君子之事上也，进思尽忠，退思补过，将顺其美，匡救其恶，故上下能相亲也。”

【译文】孔子说：“君子侍奉君主，为政时要竭尽忠心，退隐时要自思己过。顺应发扬君主的优点，匡正其过失，这样君臣关系才能融洽。”

【感悟】作为一个负责任的人，不论在家还是参加工作、步入社会，如果能时时保持“爱亲”的思想，就会收获良好的人际关系。人际关系是成功的基础和动力！

1.15 曾子曰："敢问子从父之令，可谓孝乎？"子曰："是何言与，是何言与！昔者天子有争臣七人，虽无道，不失其天下；诸侯有争臣五人，虽无道，不失其国；大夫有争臣三人，虽无道，不失其家；士有争友，则身不离于令名；父有争子，则身不陷于不义。故当不义，则子不可以不争于父，臣不可以不争于君；故当不义，则争之。从父之令，又焉得为孝乎！"

【译文】曾子说："请问做儿子的一味遵从父亲，是孝吗？"孔子说："这是什么话呢？这是什么话！从前，天子身边有七名诤臣，纵使天子无道，也不会失去天下；诸侯身边有五名诤臣，虽然无道，也不会失去封国；卿大夫有三名直言劝谏的家臣，即使无道，也不会失去家园。读书人有直言劝争的朋友，美好名声就不会丧失；为父亲的有敢于直言力争的儿子，就不会陷于不义。因此在遇到不义之事时，如系父亲所为，儿子要劝争力阻；如系君王所为，臣子要直言谏争。因此对不义之事，一定要谏争劝阻。只是遵从父亲的训令，怎么能算孝呢？"

【感悟】当然，盲目听从父母也不对。对父母的不当言语和行为，要认真地指出来，帮助父母改正，这样才是爱父母。同理，对待工作、对待上级也一样，要有自己的原则，这样才不会随波逐流，才不会丧失个人方向。

1.16 子曰："孝悌之至，通于神明。"

【译文】孔子说："孝悌达到极致，即可通于神明。"

【感悟】只要你用恭敬的心爱父母、爱亲人，老天爷也会感动和关照你的。

1.17 子曰："生事爱敬，死事哀戚，生民之本尽矣，死生之义备矣，孝子之事亲终矣。"

【译文】孔子说："双亲在世时要以爱敬之心奉侍，去世时则怀着悲哀之情料理后事，尽到人生应尽的本分。养生送死的大义都做到了，才算是孝子侍奉亲人的义务。”

【感悟】现在社会上出现了很多老年人问题，就是因为做子女的缺少了对老人家的爱敬。家庭养老是最和谐、最温馨的，当我们在努力让孩子获得较好的成长空间时，是否也应让父母有一个更好的养老环境呢？须知，每个人都是要老的啊！

1.18 曾子曰：“孝有三：大孝尊亲，其次弗辱，其下能养。”

【译文】曾子说：“孝有三等：大孝者光父耀母，其次是不辱亲名，再次是赡养父母。”

【感悟】曾子说得真好！赡养父母是最基本的孝道！当然，能让父母留下美名更好。

1.19 子曰：“夫孝者，善继人之志，善述人之事者也。”

【译文】孔子说：“孝道，就是善于继承先人的遗志，善于继续先人未完成的功业。”

【感悟】如果只是让父母日子过得好，这只是小孝。若能够实现父母的愿望，才是真正的男子汉、女子汉！

1.20 曾子曰：“身也者，父母之遗体也。行父母之遗体，敢不敬乎？居处不庄，非孝也；事君不忠，非孝也；莅官不敬，非孝也；朋友不信，非孝也；战陈无勇，非孝也。五者不遂，灾及于亲。敢不敬乎？”

【译文】曾子说：“身体是父母所生的。珍惜自身就是爱敬父母，敢不恭敬吗？平素处事不庄重，是不孝；侍奉君主不忠诚，是不孝；对待工作如儿戏，是不孝；与朋友交往不诚信，是不孝；亲临战阵不勇敢，是不孝。这五样做不到，会祸及亲人，敢不恭敬吗？”

【感悟】如何做到爱亲？这里给出了主要路径。首先是珍惜身体、珍爱生命，人身难得！随意糟蹋自己的身体，是严重的不孝！其次，做人端庄大方，做事竭尽全力，对待朋友要讲信用，遇到困难勇往直前，如果能做到这些，这个人肯定不简单。

1.21 曾子曰：“树木以时伐焉，禽兽以时杀焉。夫子曰：‘断一树、杀一兽不以其时，非孝也。’”

【译文】曾子说：“树木要按时令砍伐，禽兽要按时令捕杀。孔子说过：‘砍断一棵树，捕杀一只兽，不按时令，是不孝的。’”

【感悟】不仅要珍惜自己的身体，要推己及人。与大自然和谐相处，珍惜大自然的一草一木，珍爱芸芸众生，也是大孝。这是很多人没有领会的。

1.22 子曰：“君子弛其亲之过而敬其美。”

【译文】孔子说：“君子不把父母的过错记恨在心，但对其美德却牢记在心。”

【感悟】人非圣贤，父母难免有缺点，不要天天惦念父母的不足，而是要善于发现父母的优点，更好地完善自己的人格。

1.23 子路问于孔子曰：“有人于此，夙兴夜寐，耕耘树艺，手足胼胝，以养其亲，然而无孝之名，何也？”孔子曰：“意者身不敬与？辞不逊与？色不顺与？古之人有言曰：‘衣与！缪与！不女聊。’今夙兴夜寐，耕耘树艺，手足胼胝，以养其亲，无此三者，则何为而无孝之名也？意者所友非人邪？”子曰：“由志之，吾语女。虽有国士之力，不能自举其身。非无力也，势不可也。故入而行不修，身之罪也；出而名不章，友之过也。故君子入则笃行，出则友贤，何为而无孝之名也！”

【译文】子路问孔子说：“有个人早起晚睡，耕地栽植，手脚磨出老茧，以此来赡养父母，却没有孝顺名声，为什么呢？”孔子说：“大概是举止不恭敬，说话不谦虚，脸色不温顺吧！古人说：‘给我穿给我吃，若不恭敬不靠你。’这人早起晚睡，耕地栽植，手脚磨茧，赡养父母，如果没有这三种行为，为何会没有孝顺名声呢？或是他所交之友非仁德之人吧！”孔子又说：“仲由记住，我告诉你的话。即使有大力士之力，也不能举起自己的身体。这不是没力气，而是客观情势不许可。回到家中品德不修，是自己的罪过；在外名声不显扬，是朋友的罪过。因此，君子在家须品行忠厚，出外则与贤人交友，怎会没有孝顺的名声呢？”

【感悟】这是很好的一个例子。虽然很辛劳，养好了父母，但是别人却认为他没有孝道，这是什么原因呢？就是缺乏恭敬之心。给父母东西吃，脸色却很难看；在外边工作，一年四季没回去探望父母，电话也不打一个。即使是给父母锦衣玉食，这样哪能行啊？

1.24 孔子之弟子从远方来者，孔子荷杖而问之曰：“子之公不有恙乎？”搏杖而揖之，问曰：“子之父母不有恙乎？”置杖而问曰：“子之兄弟不有恙乎？”戈步而倍之，问曰：“子之妻子不有恙乎？”

【译文】孔子的弟子凡是从远方来的，孔子扛着手杖问：“你的爷爷身体好吧？”然后持杖拱手行礼问：“你的父母身体好吧？”然后拄着手杖问：“你的兄弟身体好吧？”最后拖着手杖转过身去，问道：“你的妻儿身体好吧？”

【感悟】孔子是现身说法，学生从远方回来，孔子都会详细了解其家人的情况，并且通过手杖的动作，阐明了孝道的重要性。我们是否也该多了解一下父母及家人的健康呢？

1.25 子曰：“舜其至孝矣，五十而慕。”

【译文】孔子说：“舜是最孝顺的了，五十岁还那么思念父母。”

【感悟】我们的老祖宗舜是孝道的楷模，到了知天命之年，还能这么思念父母，请问我们能做到一天、一月、一年吗？

1.26 曾子曰：“往而不可还者，亲也；至而不可加者，年也。是故，孝子欲养而亲不待也，木欲直而时不待也。”

【译文】曾子说：“一去而不复返的是父母，节限到了而不能增加的是年寿。所以，孝子虽想多奉养父母几年，但父母年寿却不等人，如同树木想长得更直一些，但成长时机已过而不再回来。”

【感悟】这一条，是本篇的核心。须知道，时间是不等人的。爱父母，要从当下做起。现在没条件不怕，能爱敬父母就行。否则，即使你将来条件再好，父母不在了，每年清明祭拜大猪大羊，又有什么用呢？

1.27 子曰：“身体发肤，受之父母，不敢毁伤，孝之始也。立身行道，扬名于后世，以显父母，孝之终也。”

【译文】孔子说：“人的身体四肢、毛发皮肤，都是父母赋予的，不敢损毁伤残，这是孝的开始。人在世上遵循仁义道德，扬名声于后世，从而使父母显赫荣耀，这是孝的终极目标。”

【感悟】本篇结语，爱亲即孝道的基础是珍惜身体。有良好的身体、健康的人格、明确的目标、持续的努力，加上一点点运气，你就成功了。你的成功，就是父母的成功！

【点睛之笔】

时代呼唤，倡导“爱亲”文化

这个时代发明了很多新词，其中有一个很无奈，就是“空巢老人”。顾名思义，“空巢老人”是指子女离家后的中老年夫妇。很多家庭的孩子由于学习、工作、结婚等原因，像鸟儿一样飞走了，剩下老人家守住了空空的“巢穴”，就产生了一个个的“空巢老人”。独守“空巢”的中老年夫妇因此而产生的心理失调症状，称为家庭“空巢”综合征。

随着独生子女政策的实施，“空巢老人”的现象更加突出。今天我们是别人的子女，明天我们都会变成“空巢老人”，这是一个可怕的社会现象。

由于受到西方家庭文化的影响，很多孩子独立或成家后，都习惯于独立自主的居住，不喜欢与老人家生活在一起，他们的家庭责任是养好自己的孩子。当这个社会都以养好自己的孩子为己任、为真理时，家庭老人的问题就日益尖锐和突出。

现阶段，很多本来应该由家庭承担的责任，变成社会的责任，出现了老人日间照料中心、养老院等机构。一方面，社会养老为解决“空巢老人”问题提供了一种途径；另一方面，这却也无疑成为催化剂，促成更多的老年人问题。

无论从任何角度上来说，家庭养老无疑都是最经济、最温馨、最有效的办法。国家在大量建设社会公益养老场所的同时，能否将政府的资金通过一定的方式，转移支付给家庭成员，让某些家庭成员不需要上班，留在家里照顾老人，岂不是两全其美之策？

老人家能得到照顾，是基本的要求；让老人家老有所养、老有所敬、老有所为、老有所乐，才是更需要我们为之努力的目标。

做到这一点，必须倡导“爱亲”文化。爱亲，首先是要爱自己的父母，爱身边的长辈，爱子女兄妹，从身边的人爱起，由此爱社会、爱国家。这就是中华民族“孝道”文化的继承和弘扬。

先贤抓得很准，这个国家要发展，必须让国民热爱这个国家，忠君爱国。按照现代语言来说，就是热爱祖国，热爱本职，爱岗敬业，真诚奉献。

“移孝作忠”，将“爱亲”文化提升为爱国文化的基础，不是很值得的吗？

第 2 篇　少成

导读：一个人的成功，离不开日积月累。本篇取名“少成”，有三义：一是从小养成，注重自身修养；二是积少成多，注重日常点滴的积累；三是防微杜渐，要“日三省吾身”，减少负面因素的影响。这样，就能积“少成”为“大成”。本篇内容主要选自《左传》、《荀子》、《曾子》等。

2.1　子曰：“少成若天性，习惯如自然。”

【译文】孔子说：“从小养成的，就像天赋秉性一样；经常学习而掌握的，就像天生的本能一样。”

【感悟】人的成功，需要从小养成良好的习惯。良好的习惯是成功的关键。

2.2　子曰：“言之无文，行而不远。”

【译文】孔子说：“文章没有文采，就不能流传很远。”

【感悟】这句话有多种意义，可以理解为语言或文学。总之，良好的表达能力是个人的重要素质，而这种素质也是逐步养成的。

2.3　子曰：“能补过者，君子也。”

【译文】孔子说：“能弥补过错的人是君子。”

【感悟】圣人也有缺点，但圣人之所以成为圣人，就是善于减少自己的缺点。谁的缺点和短板少了，离成功也就越近了。

2.4 子曰："君子不食奸，不受乱，不为利疚于回①，不以回待人，不盖不义，不犯非礼。"

【译文】孔子说："君子不为坏人服务，不接受蛊惑，不因有利而受邪恶的腐蚀，不用邪恶对待人，不掩盖不义的事情，不做出无礼的行为。"

【感悟】君子应是聪明人，待人处世必须有自己的原则，其中最基本的是洁身自好。纵观历史，为坏人服务的人，终究会遗臭万年。

2.5 子曰："如垤②而进，吾与之；如丘而止，吾已矣。"

【译文】孔子说："即使成绩微小得像蚂蚁洞口的小土堆，只要不断进取我就赞赏他；即使成绩像山一样大，如果停止不前，我就无语了。"

【感悟】人总是希望一锄头挖一个井，须知伟大的事业，都是像蚂蚁挖洞一样开始的。当你挖出哪怕是一点点的泥土时，你离成功的距离也就缩短了。

2.6 子贡问于孔子曰："赐为人下而未知也。"子曰："为人下者乎？其犹土也。深扣③之而得甘泉焉，树之而五谷蕃焉，草木殖焉，禽兽育焉；生则立焉，死则入焉；多其功，而不息德。为人下者其犹土也。"

【译文】子贡问孔子说："我想谦虚却不知怎样做。"孔子说："对人谦虚吗？要像土地一样。深挖就能得到甘泉，种植五谷就能茂盛生长，草木在繁殖，禽兽在生息；活着站在上面，死了埋在里面；土地多有功劳，却不自以为有功德。对人谦虚，就要像土地一样。"

---

① 回：邪恶。
② 垤［dié］：蚂蚁洞口的小土堆。
③ 扣［hú］：发掘。

【感悟】孔子说向土地学习，即学习“泥土精神”：土地既有承载万物的优秀品格，又有不居功自傲的卓越品性，其核心就是谦虚。谦虚的人，就能得到更多人的帮助。

2.7　子曰：“星之昭昭，不若月之曀[①]曀，小事之成，不若大事之废，君子之非，贤于小人之是也。”

【译文】孔子说：“星星的明亮，不如月亮的阴暗；小事的成功，不如大事的失败；君子的过失，也比小人的正确好。”

【感悟】从小立志，应该有较大的目标和方向。如果定位太低，成就就不会大。正如星星再光亮，也比不上月亮的阴暗。

2.8　子夏曰：“《春秋》之记臣杀君、子杀父者，以十数矣，皆非一日之积也，有渐而以至矣。”故子夏曰：“善持势者，蚤绝奸之萌。”

【译文】子夏说：“仅据《春秋》记载，臣杀君、子杀父的事件，就有很多。这些都不是一日之内就积累起来的祸患，而是积久渐成以至于此。”因而子夏说：“善于掌握权势的君主，应及早拔除奸邪势力于萌芽之中。”

【感悟】冰冻三尺非一日之寒，好事也罢，坏事也罢，都有一个积累的量变过程。注重好的方面的积累，火候足了就瓜熟蒂落。反之也一样。

2.9　子曰：“汤、武非一善而王也，桀、纣非一恶而亡也。三代之废兴也，在其所积。积善多者，虽有一恶，是谓过失，未足以亡。积恶多者，虽有一善，是谓误中，未足以存。”

【译文】孔子说：“成汤和周武王并非只做了一件好事就当上国王的，夏桀和商纣王也不是只做了一件坏事而导致亡国的。三个朝代的兴亡，都是在于

---

① 曀［yì］：阴天并且有风。

累积。善事如果做得多，偶尔做了一件坏事，只能算是失误，不足以导致灭亡。坏事做多了，偶尔做了一件善事，也只能算是不小心做的，不足以求得生存。”

【感悟】好人之所以成为好人，并非只做了一件好事；坏人之所以成为坏人，也并非只做了一件坏事。好事做多了，你就成为好人；坏事做多了，也就走向毁灭。

2.10　子曰：“善不积不足以成名，恶不积不足以灭身。小人以小善谓无益而不为也，以小恶谓无伤而不去也。是以恶积而不可掩，罪大而不可解也。”

【译文】孔子说：“不做大量的善事就不能成名，不干大量的坏事就不会灭身。小人认为，一般的好事没多大益处而不去做，一般的坏事没多大伤害而不去改正。所以坏事多了而无法回避责任，罪恶大了也无法得到宽恕。”

【感悟】日常生活中，不要计较多做一件好事，哪怕是举手之劳。很多人期盼轰轰烈烈地做一件大好事，立即成为好人、名人，其实除非是英勇献身了，否则并非每个人都有这种机会的。

2.11　子路将行，辞于孔子。子曰：“赠汝以车乎？赠汝以言乎？”子路曰：“请以言。”子曰：“不强不达，不劳无功，不忠无亲，不信无复，不恭失礼。慎此五者而已。”

【译文】子路将要外出，向孔子辞行。孔子说：“送给你车呢，还是一些忠告呢？”子路说：“请给我忠告吧。”孔子说：“不持续努力就达不到目的，不劳动就没有收获，不忠诚就没有亲人，不诚信就没人信任你，不恭敬就会失礼。慎重做好这五方面就行了。”

【感悟】当我们习惯于送给子女金银财富时，能否像孔子一样，多送给孩子更多的知识和人生经验呢？须知物质财富有价，精神财富无价！

2.12 子路问于孔子曰："君子亦有忧乎？"子曰："君子其未得也，则乐其意，既已得之，又乐其治。是以有终生之乐，无一日之忧。小人者其未得也，则忧不得；既已得之，又恐失之。是以有终身之忧，无一日之乐也。"

【译文】子路问孔子说："君子也有忧虑吗？"孔子说："君子在没得到职位时，就会为自己的抱负而高兴；得到职位后，又会为自己的政绩而高兴。因此有一辈子的快乐，而没有一天的忧虑。小人呢，当他还没得到职位时，担忧得不到；得到职位后，又怕失去它。因此有一辈子的忧虑，而没有一天的快乐。"

【感悟】追求身心的快乐，是孔子的主要思想。身心的快乐，要体现在学习、工作和生活中，这是生活质量的决定因素。快乐缘于个人的心境，如果心为形役，那么一生都得不到解脱。

2.13 子曰："不观高崖，何以知颠坠之患；不临深泉，何以知没溺之患；不观巨海，何以知风波之患，失之者其在此乎？士慎此三者，则无累于身矣。"

【译文】孔子说："不看到高高的悬崖，怎么知道从崖顶坠落的灾难呢？不临近深渊，怎么知道沉溺的灾祸呢？不看到大海，怎么知道风浪的灾祸呢？造成过失的原因，难道不在这些方面吗？君子谨慎地对待这三个问题，就不会伤害到自身。"

【感悟】个人的成长必须有大量的社会实践，要勇于探索和尝试，如果没有摘下路边的李子尝一尝，哪知道它是不是酸的？

2.14 哀公问孔子曰："有智者寿乎？"子曰："然。人有三死而非命也者，自取之也。居处不理，饮食不节，佚劳过度者，病共杀之。居下而好干上，嗜欲无厌，求索不止者，刑共杀之。少以敌众，弱以侮强，忿不量力者，兵共杀之。故有三死而非命者，自取之也。”

【译文】鲁哀公问孔子说：“有智者能长寿吗？”孔子说：“能。人有三种死法与命运无关，是自己招致的：对住所不注意清洁，对饮食不加节制，逸乐和劳累过度的，疾病就是杀手；处下位而好冒犯上司，贪得无厌，追名逐利没有休止的，刑律就是杀手；以少数抗拒多数，以弱小凌辱强大，不自量力偏激做事的，兵器就是杀手。这些死法与命运无关，是自取灭亡的。”

【感悟】珍惜生命，要从一点一滴做起。日常饮食起居是基础，必须养成良好的生活习惯，才能具备健康的身体。没有健康这个“1”，即使拥有再多的“0”，也都是毫无意义的。

2.15 子曰：“不慎其前，而悔其后，虽悔无及矣。”

【译文】孔子说：“事前不小心谨慎，而事后就后悔，即使事后追悔有什么用呢？”

【感悟】对影响自己生活质量的事情，一定要做好谋划，减少失误，后悔药是买不到的。

2.16 曾子曰：“君子有三言可贯而佩之：一曰无内疏而外亲，二曰身不善而怨他人，三曰患至而后呼天。”

【译文】曾子说：“君子有三句话可贯穿起来佩戴在身上：一是不要对内疏远而对外亲近，二是不要自身不善而埋怨他人，三是不要等到祸患到了而呼唤上天。”

【感悟】三句话可归结为一句话，就是要注重平时的一言一行。处理人际关系，无论内外都要一视同仁；每件事自己都尽心做了，即使结果不理想也不会怨天尤人。

2.17 **曾子曰：“戒之戒之！出乎尔者，反乎尔者也。”**

【译文】曾子说：“警惕警惕！你怎样对待别人，人家就会怎样对待你。”

【感悟】出尔反尔，原义很简单，你对付别人是尖刀，人家就会用长矛对付你。

2.18 **曾子曰：“君子不绝小不殄微也。行自微，也不微人。人知之，则愿也。人不知，苟吾自知也。君子终身守此勿勿也。”**

【译文】曾子说：“君子不因为善事微小就不做。自己的善行应该隐匿，但不要隐匿别人的善行。别人知道你的善行，就随别人所愿。如果别人不知道你的善行，只要自己知道就行了。君子终身恪守这些信念。”

【感悟】做好这一条有点难！自己的成绩不要表露，要多多彰显同事们的成绩。事实上，你说别人一句好话，就会得到更多的回报，不要担心成绩会被埋没。心量有多大，成就就有多大。

2.19 **曾子曰：“君子见利思辱，见恶思诟，嗜欲思耻，忿怒思患。君子终身守此战战也。”**

【译文】曾子说：“君子见到好处，要想到可能受到污辱；见到丑恶东西，要想到会被人骂；想满足某些欲望，要想到可能带来的耻辱；愤怒时，要想到可能带来的不良后果。君子一生要守住这些，而且要战战兢兢。”

【感悟】世上没有无缘无故的爱，也没有无缘无故的恨；同理，也没有无缘无故的利益。能够做到随时反思，就是顶尖的人物！

2.20 **曾子曰：“君子已善，亦乐人之善也；已能，亦乐人之能也；已虽不能，亦不以援人。”**

【译文】曾子说：“君子自己善良，也喜欢别人善良；自己能干，也喜欢别人能干；自己虽不能干，也不要攀求别人援助。”

【感悟】佛说，要做“同喜布施”，自己做好事却不破费！比如任何人做了好事，都要不吝惜地真心去赞赏。如果把别人的成就都当作自己的喜事来欢喜赞叹，那么便可不费吹灰之力就获得很多的快乐。

2.21 鲁城门久朽欲顿，孔子过之，趋而疾行。左右曰：“久矣！”子曰：“恶其久也。”孔子戒慎已甚，如过遭坏，可谓不幸也。故子曰：“君子有不幸而无有幸，小人有幸而无不幸。”又曰：“君子处易以俟命，小人行险以侥幸。”

【译文】鲁国的城门长期朽烂，就要倒了，孔子经过时急步快走。身边的人说：“坏很久了。”孔子说：“我讨厌它长久不修。”孔子遇事慎重，总像经过这烂城门一样，从不图侥幸。孔子说：“君子遇到不幸不希求侥幸，小人求侥幸而没有不幸的准备。”又说：“君子处于平安地位而听天由命，小人做险恶的事却想侥幸免灾。”

【感悟】孔子告诉我们，做人做事不能有丝毫侥幸心理。一百次侥幸之中，如果幸运地通过了九十九次，只要一次通不过，就会被朽烂的城门压死。

2.22 子曰：“龙食于清，游于清；龟食于清，游于浊；鱼食于浊，游于清。丘上不及龙，下不为鱼，中止其龟与！”

【译文】孔子说：“龙在清水中觅食，在清水中游动；龟在清水中觅食，在浑水里游动；鱼在浑水中觅食，在清水中游动。我上不及龙，下不是鱼，三者之间我总能赶上乌龟吧！”

【感悟】芸芸众生，各有其不同的生存方式，只要找到合适于自己的道路就行。我们不要与龙凤相比，与一只乌龟比赛跑，总是可以的吧！

2.23 子曰：“吾于《高宗肜日》，见德之有报之疾也。”

【译文】孔子说：“我从《尚书·高宗肜日》一文中，看到修身养德必将很快获得回报。”

【感悟】种瓜得瓜，种豆得豆。你种下什么，就会收获什么。如果做到了“广种”，哪怕是“薄收”，也是沉甸甸的。

2.24 子曰：“**行己有六本焉，然后为君子也。立身有义矣，而孝为本；丧纪有礼矣，而哀为本；战阵有列矣，而勇为本；治政有理矣，而农为本；居国有道矣，而嗣为本；生财有时矣，而力为本。**”

【译文】孔子说：“立身行事有六个根本，然后才能成为君子。立身有仁义，孝道是根本；举办丧事有礼节，哀痛是根本；交战布阵有行列，勇敢是根本；治理国家有条理，农业是根本；掌管天下有原则，选定继位人是根本；创造财富有时机，肯下力气是根本。”

【感悟】立身处世有六项基本原则，放在今天不一定很恰当。但有一条是共通的，就是做任何事情，都要找到关键性环节，也即“牛鼻子”。比如说，与其口里讲仁讲义，不如将父母赡养好。

2.25 子曰：“言不文，或时不言。”

【译文】孔子说：“话语未经琢磨，有时可以不说。”

【感悟】言论是一个人的素质体现，如果说话很随便，就是低俗的表现。

2.26 子曰：“使地三年乃成一叶，则万物之有叶者寡矣。”

【译文】孔子说：“如果天地三年才生成一片叶子，那么万物中有叶子的就太少了。”

【感悟】反过来说，如果一天长了很多叶子，天地的叶子就太多了。事物都有其生长的特性，人类也一样。

2.27 子曰：“君子之道，或出或处，或默或语。二人同心，其利断金。同心之言，其臭如兰。”

【译文】孔子说：“君子之道，或出山而服务天下，或隐居而独善其身，或沉默，或言语。如两人同心，则没有什么困难不能克服。心意一致的言论，它的气味犹如兰蕙的芬芳。”

【感悟】一个人，在社会中能进退随意，就像周瑜一样羽扇纶巾，谈笑间江山变了颜色，这是一种高境界。如果我们做不到，那么就要善于借助社会力量，懂得团结更多的人，为我所用。

2.28 《诗》云：“缗蛮黄鸟，止于丘隅。”子曰：“于止，知其所止，可以人而不如鸟乎？”

【译文】《诗经》说：“‘缗蛮’叫着的黄鸟，栖息在山冈上。”孔子说：“连黄鸟都知道它该栖息在什么地方，难道人还不如一只鸟儿吗？”

【感悟】这是本篇的点睛之笔。孔子说，鸟儿都懂得歇息，为何人还比不上一只鸟呢？这句话内涵深刻，简单来说，做人要懂得放下，当你真正懂得放下了的时候，幸福感就显现了。

【点睛之笔】

懂得放下，你将收获更加精彩的人生

人的一生努力，就是为了追求幸福。追求幸福，必须根据设定的目标，为之努力再努力，珍惜点点滴滴的积累，最终实现自己的理想。

幸福不是天上掉下来的，也不是别人赠送的，更不是继承下来的，而是需要自己扎扎实实去奋斗来的。靠自己去努力、去争取，就要从小做起，积小成为大成，积小胜为大胜。

清代文学家袁枚重视积累语言，很多佳句是在与农民或和尚交谈中得来的。有一次，在初春腊梅盛开的时节，一个农民高兴地对袁枚说：“你看，梅树有了一身花。”袁枚一听非常高兴，心想这不就是诗吗？经过反复斟酌，终于写出了“月映竹成千个字，霜高梅孕一身花”的名句。

晚唐诗人李贺作诗时，没有圈定一个主题，而是重视生活中素材的积累。每次外出总是骑着一匹瘦马，背着一个锦囊，随身带着纸和笔，一边颠簸一边思索，偶然灵感顿至，吟得佳句，立马写成纸条投入锦囊。他的妈妈心疼地说，你这孩儿，难道要把心血都呕出来，才肯罢休呀！这就是成语“呕心沥血”的来源。

日常的积累，不断的努力，是成功的重要因素。人的成功，贵在自身要有良好的修养，这样才能形成高尚的品德。司马光说：“德，才之帅也；才，德之资也。”品德是才华的统帅，如果没有高尚的品德，即使能力再强，才华横溢，只会对社会起更大的负面作用。

人的成功，是阶段性的成功。今天的成功，并不代表明天的成功；今天的失败，也不代表明天的失败。因此，面对浮云苍狗，世事如棋，必须要有良好的心态，从而培养个人的幸福观。

美国学者在一项调查中得出结论，在美国获得幸福，只需要年收入7.5万美元。在没有达到7.5万美元时，赚得越多幸福感越强。一旦超过7.5万美元，赚7.5万美元和赚15万美元对一个人的幸福感影响并不大。

一位美国学者说过，一个人的幸福，不在于他是否登上山顶，而在于懂得在登山的过程中享受登山的过程。

人之所以不幸福，或者没有感觉到幸福，主要是不懂得放下。

如何把握好这种心理状态，如何懂得放下呢？就是要“知止”。

“知止”，就是要让这颗浮躁的心静下来。孔子说，鸟儿都懂得“歇息”，人这颗浮躁的心为什么不能“止”下来，即安静下来？心安静了，心态就好了，对人对事就有了正确的判断，就能找到个人的幸福感。

第 3 篇　大节

导读：人生的道路该如何走？一是抓主流，即看大方向，只要大的方面正确就行。二是重气节，朝三暮四、阳奉阴违的人，即使取得短暂的成功，也是守不住的。三是把握度，就是把握好火候。这是本篇取名“大节”的原因。主要内容选自《谷梁传》、《淮南子》、《吕氏春秋》、《说苑》、《论衡》等。

3.1　子曰：“大节是也，小节是也，上君也。大节是也，小节一出焉，一入焉，中君也。大节非也，小节虽是也，吾无观其余矣。”

【译文】孔子说：“大的方面对，小的方面也对，是上等的君主；大的方面对，小的方面有些出入，是中等的君主；大的方面错了，小的方面即使对，我也不必再看其余的了。”

【感悟】只有圣人，才能大小都对。我们是普通人，在学习、择业或工作中，只要大的方面对就行，成大事不拘小节，小节允许有些出入。

3.2　子曰：“听远音者，闻其疾而不闻其舒；望远者，察其貌而不察其形。”

【译文】孔子说：“倾听来自远处的声音，只能听到它激扬的声响，却听不到它徐缓的音调；遥望远处的景物，只能看到它大致的面貌，却无法看清其细致的形状。”

【感悟】就像倾听声音或者登高望远，只能隐约听到其音、看到其形，正所谓“大音希声，大象无形”，隐隐约约听到或看到的，才是精彩的世界。

3.3 子曰：“小辩破言，小利破义，小艺破道，小见不达，必简。”

【译文】孔子说：“太烦琐的论辩只会损害真理，太计较小利只会妨害大义，太卖弄小技只会破坏大道，浅薄的见识则无法通达。要想通达大道，就必须简约。”

【感悟】关注大的方面，就要在日常生活中不为那些琐碎的事情而烦劳，拿得起、放得下、想得开，不与人家耍嘴皮，不计较蝇头小利，不卖弄一己之长。

3.4 鲁国之法，鲁人为人臣妾于诸侯，有能赎之者，取其金于府。子贡赎鲁人于诸侯，来而让，不取其金。子曰：“赐失之矣。自今以往，鲁人不赎人矣。”取其金，则无损于行；不取其金，则不复赎人矣。子路拯溺者，其人拜之以牛，子路受之。子曰：“鲁人必拯溺者矣。”

【译文】鲁国的法令规定，鲁国人在其他诸侯国给人当奴仆，有能赎出他们的，可从国库中支取金钱。子贡从其他诸侯国赎出了做奴仆的鲁国人，回来却推辞，不支取赎金。孔子说：“端木赐错了。今后鲁国人不会再赎人了。”支取赎金，对品行并没有损害，反之就不会有人再赎人了。子路救了一个溺水的人，那个人用牛来酬谢他，子路收下了。孔子说：“鲁国人一定会救溺水的人了。”

【感悟】子贡善于经商，是一个大富翁。本来是想为国家做好事，但好事没做好。这与当今很多事情一样，屡屡将民生好事办成坏事。究其原因，就是大的方面错了。人都有私欲，合理的私欲不是坏事，如果水变得太清，就没有鱼儿了。

3.5 子曰：“夫至信之人，可以感物也。动天地，感鬼神，横六合，而无逆者，岂但履危险、入水火而已哉！”

【译文】孔子说：“最诚信的人能感化万物，感化天地鬼神，纵横天下而没有阻碍，何止身负危险、出入水火而已！”

【感悟】做到大的方面对，首先要重视的一个字就是“信”，孔子说：“自古皆有死，民无信不立。”最诚信的人能感天动地，横扫六合，这绝不是夸大之词。

3.6 子曰：“乱之所生也，则言语以为阶。”

【译文】孔子说：“变乱之所以生起，言语是引祸的阶梯。”

【感悟】管好这张嘴很重要，可胡乱吃饭，不可胡乱说话。历史上很多大事之所以失败，就是因为言多必失。

3.7 曾子曰：“吾无颜氏之才，何以告汝？虽无能，君子务益。”

【译文】曾子说：“我没有颜回那样的才能，拿什么来告诉你们呢？虽然没有才能，君子一定致力于做有益的事情。”

【感悟】这是曾子去世前对儿子说的话。他很谦虚，却告诉我们一个极为有用的道理，即每个人都要致力于做有益的事情，简单来说，就是不要做害人的事情。

3.8 曾子芸瓜而误斩其根，曾皙怒，援大杖击之，曾子仆地；有顷苏，蹶然而起，进曰：“曩[1]者参得罪于大人，大人用力教参，得无疾乎！”退屏鼓琴而歌，欲令曾皙听其歌声，令知其平也。孔子闻之，告门人曰：“参来勿内也！”曾子自以无罪，使人谢孔子，孔子曰：“汝闻瞽叟有子名曰舜，舜之事父也，索而使之，未尝不在侧，求而杀之，未尝可得；小棰

① 曩［nǎng］：以往，从前。

则待，大棰则走，以逃暴怒也。今子委身以待暴怒，立体而不去，杀身以陷父，不义不孝，孰是大乎？汝非天子之民邪？杀天子之民罪奚如？”

【译文】曾参给瓜苗培土，不小心锄断了瓜根。父亲曾皙非常生气，拿起大棒敲过去，把曾参打昏在地。过了一会儿后曾参苏醒过来，他迅速爬起来对父亲说：“刚才我做错了事，惹您生气，这么费力教训我，您没有闪着手吧？”说完回到屋里弹琴唱歌，故意使父亲听到自己没事，不使父亲难过。孔子知道这件事后，告诉弟子说：“曾参来时，不要让他进来！”曾参认为没有错，通过别人了解老师生气的原因。孔子说：“你没有听人说过吗？从前瞽叟的儿子舜，服侍父亲，总是随喊随到，后来瞽叟听人挑拨想把舜杀死，舜知道后就跑掉了。像舜那样，父亲一时生气，打他两巴掌就让他打，如果拿大棒子打就逃开，避免在他盛怒之下打出人命来。现在曾参明知父亲盛怒而不跑开，等着父亲打，万一打死了，岂不是陷父亲于不义吗？还有比这更大的不孝吗？他不是天子的子民吗？如果父亲无辜杀死天子的子民，将是什么样的大罪呢？”

【感悟】什么是大节？父亲不高兴，拿鸡毛掸子揍你，就充当个男子汉挨两下，让老爸消消气；如果是拿大棍子，那就得赶紧溜了。一来打伤打死，不是父亲本意；二来让父亲成为暴力典型、犯罪分子，更是天大的不孝。所以，无论是家庭事务，还是社会工作，都要懂得大节。

3.9 子曰：“凡事若小若大，寡不道以欢成。事若不成，则必有人道之患；事若成，则必有阴阳之患。若成若不成而后无患者，唯有德者能之。”

【译文】孔子说：“事情无论大小，如果不懂遵循大道规律，就很难处理好。如果办不成，必然会有人为祸患；如果办成了，也难免会因焦虑过度而生病。而真正有德的圣人，无论事情成与败，都能泰然处之。”

【感悟】做每一件事，除了大的方面要对头，还要讲究客观规律，不能蛮干。即使遇到困难，也要以良好的心态去处理，而不是憋出病来。

3.10 子贡曰：“不得其门而入，不见宗庙之美，百官之富。”

【译文】子贡说：“如果找不到那道门走进去，就看不见宗庙的威严壮丽，看不见各种房舍建筑的多样。”

【感悟】做事情要看门道，爬墙的看到的永远是事物的一角。只有找到适当的路径，光明正大地学习研究，才能看到事物的本来面目。

3.11 曾子弊衣而耕于鲁，鲁君闻之而致邑焉，曾子固辞不受。或曰：“非子之求，君自致之，奚固辞也？”曾子曰：“吾闻受人施者常畏人，与人者常骄人，纵君有赐，不我骄也，吾岂能勿畏乎？”孔子闻之曰：“参之言足以全其节也。”

【译文】曾子穿着破旧的衣服在耕田，鲁君要送给他一座小城，曾子辞谢不受。有人说：“这又不是您向人要求的，是国君送给你的，你为何不接受？”曾子说：“我听说，接受馈赠的人就会害怕得罪人家；送给人家东西的人，就会对接受者显露骄色。纵使国君赏赐我，也不对我显露骄色，但我能不因此害怕得罪他吗？”孔子知道后说：“曾参的话足够保全他的节操。”

【感悟】接受人家的好处，就要为别人做点事，哪怕有时候会违心，甚至是吃了一块肉而变成别人的玩偶。曾子虽穷，却没有丧失气节。

3.12 子曰：“鸟能择木，木岂能择鸟乎！”

【译文】孔子说：“鸟能选择树木栖息，树木怎能选择鸟呢？”

【感悟】能不能像一个人一样站立着，关键是看他是一只什么样的“鸟”。如果是好鸟，则展翅高飞，良禽择木；反之，就让朽木选择它吧！

3.13 子曰：“事君慎始而敬终。”

【译文】孔子说：“侍奉君主，要以谨慎开始，以恭敬结束。”

【感悟】谨慎少犯错，恭敬获支持。做到这一点，在工作中就能始终得到上级的支持，你若不成功，除非是命中注定没有。

3.14 子曰：“舟非水不行，水入舟则没；君非民不治，民犯上则倾。”

【译文】孔子说：“船没水不能行驶，进了水就会沉没；君主没有百姓就不能治理国家，百姓犯上作乱，国家就会倾覆。”

【感悟】事物都是相辅相成的，成功的背后肯定有很多支撑的力量。所以，一个人获得成功后，一定不要忘记感谢背后的支持者。

3.15 子曰：“以德报怨，则宽身之仁也；以怨报德，则刑戮之民也。”

【译文】孔子说：“以德报怨不好，是苟且偷安的人；以怨报德更不好，是应该遭受刑戮的人。”

【感悟】《论语》中，孔子认为应“以直报怨”，即采取公平正直的态度对待伤害你的人。这里，孔子分析了以德报怨和以怨报德的不足之处，丰富了如何正确对待“德怨”的内容。

3.16 子曰：“礼失则昏，名失则愆。失志为昏，失所为愆。”

【译文】孔子说：“礼仪丧失就会昏乱，名分丧失就会产生过失。丧失了意志就会昏乱，失去所宜就会出现过错。”

【感悟】内外兼修，才能保持独立的人格。外在方面，礼仪和名分同等重要，名不正则言不顺；内在方面，既要有坚强的意志和健康的人格，还要明白哪些事情该做，哪些不该做。

3.17 子曰：“劳能定国，功加于民。大臣死难，虽食之公庙，可也。”

【译文】孔子说：“有安定国家的功劳，也有恩惠普通老百姓的功劳。这样的大臣去世了，即使是食享于诸侯的国庙，也是可以的。”

【感悟】什么叫“生当作人杰，死亦为鬼雄”？就是这个道理。生，有功于社稷；死，受到后人的纪念。

3.18 子曰：“周公其盛乎！身贵而愈恭，家富而愈俭，胜敌而愈戒。”

【译文】孔子说：“周公可伟大啦！身份高贵而更加谦恭，家里富裕而更加节俭，战胜敌人而更加警惕。”

【感悟】周公是历史上最好的“二把手”，他能够获得尊贵的地位，是与其严格要求自己、保持臣子气节分不开的。人最难做到的，就是有了崇高的荣誉之后却还能继续保持谦逊。

3.19 子路持剑，孔子问曰：“由，安用此乎？”子路曰：“善古者，固以善之；不善古者，固以自卫。”子曰：“君子以忠为质，以仁为卫，不出环堵之内，而闻千里之外；不善以忠化，寇暴以仁围，何必持剑乎？”子路曰：“由也请摄齐以事先生矣。”

【译文】子路手持宝剑，孔子问他：“仲由，你打算怎样用这东西呢？”子路说：“对我友好的人，我一定友好地对待他；对我不友好的，我用它来自卫。”孔子说：“君子以忠义为人生追求的目标，用仁爱来防身，虽不出窄小的屋子，却能闻名于千里之外。对不善的人，用忠信来感化他；对暴乱侵扰的人，用仁义来使其安定。这样，又何须使用武力呢？”子路说：“我愿从今以后，至诚地向您求教啊！”

【感悟】剑，可用来防身，也可用来自杀。子路的问题是将剑的作用看得太大，忽视了人自身的积极因素。如果一个人能保持良好的修养，如同铸剑于无形，不需亮剑则强敌退矣。

3.20 子曰：“无入而藏，无出而阳，柴立其中央。三者若得，其名必极。夫畏葎者，十杀一人，则父子兄弟相戒也，必盛卒徒而后敢出焉，不亦知乎！人之所取畏者，衽[1]席之上，饮食之间；而不知为之戒者，过也。”

【译文】孔子说：“不要进入荒山野岭把自己深藏起来，也不要投进世俗而使自己处处显露，要像槁木一样站立在两者中间。倘若三种情况都具备，他的名声必定最高。使人可畏的道路，十个行人有一个人被杀害，父子兄弟相互警戒，一定要多集人马才敢于外出，这不是很聪明吗！人最可怕的，是在枕席之上、饮食之间的失度，却不知道要警戒，这是过错啊。”

【感悟】凡事都有一个“度”，孔子说，“过犹不及”，即做事情过了标准和没达到标准，其结果都是一样的。人最可怕的，是枕席上的“色”，以及饮食上的“酒”过度，过度如同自杀。

3.21　子曰：“巧而好度，必节；勇而好同，必胜；知而好谦，必贤。”

【译文】孔子说：“灵巧而又爱好法度，就一定能做得恰到好处；勇敢而又能与别人同心协力，就一定能胜利；聪明而又谦虚，就一定会有德才。”

【感悟】每做一件事情都恰到好处，人聪明又谦虚，能力强又能与别人良好合作，这样的人若不让他成功，上帝都是不会答应的。

3.22　子曰：“物之难矣，小大多少各有怨恶，数之理也，人而得之，在于外假之也。”

【译文】孔子说：“事物很复杂，无论大小多少，人们各有怨恨厌恶，这是自然的规律，人们能够掌握它，在于借助外物。”

【感悟】再复杂的事物，都有其运行的规律。再复杂的人事，也有解决的办法。一个人，只要遵循大道，多尽义务，不亏待朋友，多做公众利益的事情，就不怕别人怨恨了。

---

① 衽［rèn］：同“衽”，古人睡觉用的席子。

3.23 齐大饥，黔敖为食于路，以待饥者食之。有饥者蒙袂辑屦[1]贸贸然来。黔敖左奉食，右执饮，曰："嗟！来食。"扬其目而视之，曰："予唯不食嗟来之食，以至于斯也。"从而谢焉，终不食而死。曾子闻之曰："微与？其嗟也可去，其谢也可食。"

【译文】齐国闹大饥荒。黔敖在路边准备好饭食，供路过饥民来吃。有个饥民用衣袖蒙着脸，脚步拖拉，无精打采地走来。黔敖左手端着食物，右手端着汤，说："喂！吃吧！"那饥民抬起眼看着他，说："我正因为不吃被轻蔑所给予的食物，才落得这个地步！"黔敖上前道歉，他仍不吃，终于饿死了。曾子听到这事后说："不用这样吧！黔敖无礼呼唤时，当然可以拒绝，但他道歉之后，仍然可以去吃。"

【感悟】小时候只学到了这则故事的一半，深深地敬佩那位乞讨者。看了后一部分之后，觉得曾子说的也有理。事情总是要有个度，该吃就吃，适度就行。

3.24 子曰："女知莫如妇，男知莫如夫。"

【译文】孔子说："姑娘的见识不及妇人，男孩子的见识不及丈夫。"

【感悟】人的见识总是与阅历联系在一起的。在人事任用上，是应该多考虑个人的阅历的。

3.25 子曰："天之与人，犹父子。有父为之变，子安能忽？"

【译文】孔子说："天与人犹如父与子的关系，父亲因为某事而情绪有变化，难道儿子能无动于衷吗？"

【感悟】天与人之间，总是保持一种和谐的关系。人要尊重天道，天就会像父亲一样，宠爱着他的子女，天与人的关系就像父母与子女的关系。

---

① 辑屦［jí jù］：拖着鞋子。

3.26 子贡问孔子："死人有知无知也?"子曰："吾欲言死者有知也，恐孝子顺孙妨生以送死也；欲言无知，恐不孝子孙弃不葬也。赐欲知死人有知将无知也，死徐自知之，犹未晚也!"

【译文】子贡问孔子："人在死后有无意识?"孔子说："我要说人死后有意识，担心孝子老想着死后的事，影响了生前的孝顺；我要说没有意识，不孝的人以此为借口不肯埋葬老人。你要想知道死人有还是没有意识，到你死时就知道了，那时也不算晚!"

【感悟】孔子说过："未知生，焉知死?"生与死之间维持着一种神秘的关系，这也是古今哲学的最核心、最难解的问题。作为子女，父母在世时，要恭敬赡养，全力尽孝，而不是关注其死后能否保佑你的问题。

3.27 哀公问于孔子曰："寡人闻之，东益宅不祥，信有之乎?"子曰："不祥有五，而东益不与焉。夫损人而益己，身之不祥也；弃老取幼，家之不祥也；释贤用不肖，国之不祥也；老者不教，幼者不学，俗之不祥也；圣人伏匿，愚者擅权，天下之不祥也。"

【译文】哀公问孔子说："我听说，在东边增建宅院是不吉利的，这句话能信吗?"孔子说："不吉利的事有五种，而不包括在东边增建：损人肥己，自身不吉祥；抛弃老人顾小的，家庭不吉祥；放弃贤才不用，地区不吉祥；老人不教，小孩不学，风俗不吉祥；圣人隐退，坏人专权，国家不吉祥。"

【感悟】当政者与民众之间，也应保持一种和谐的关系，如果这样，则天下太平，人民安居乐业。如果索取无度，就是"不祥"之兆。

3.28 子曰："天下有道，盗其先变乎!"

【译文】孔子说："天下有道，从盗贼的变化最先看得出啊!"

【感悟】有什么道?比较抽象。如果仁君治世，能做到抓主流、重气节、把握度，这个国家的治理就应该不错了，哪里还会出现小偷小摸的事情呢?

【点睛之笔】

方向正确，成功就接近了一半

一些准备参加面试的考生，找我帮他们做个辅导。我总是喜欢问一道观点题：“坚持就是胜利，对吗？”

我的启发是，观点无所谓对错，要坚持一分为二、实事求是的原则，如果这个方向错了，越坚持就越失败。因此，“正确的坚持才能取得胜利”。

什么是正确的？首先是方向要正确，也就是孔子说的，“大节是也”，大的方面要对。大的方面，主要指个人的奋斗目标。目标有长远的，也有中短期的。但是，中短期目标是服务于长远这个目标的。

哈佛大学有一个调查案例。在该大学的毕业生中，经过25年的跟踪调查：在学生时代就有个人长远目标规划的，仅占3%，但这些人几乎都成为社会精英；有27%的人有短期目标规划，这些人大多成为社会的高管；60%的人有目标但不清晰，最后大多成为中层管理者；10%的人什么目标也没有，最终成为碌碌无为的人。

由此可见，目标规划对一个人的重要性。早一天规划一个正确而明确的目标，并为之付出相应的努力，你就会取得较好的成就。你选择什么样的目标，就会有什么样的成就，就会有什么样的人生。目标是指引行动的北斗导航。

目标，就是“大节”，就是大的方面，就是指引前进的方向。方向正确了，你就成功了一半。

有了正确的目标还不行，没有为这个目标付出艰辛的努力，依然是空中楼阁，目标不会自动变成现实，面包不会自动飞到你的餐桌上。

如何实现目标？在日常工作生活中，要把握好主流，抓住主要矛盾和矛盾的主要方面。简单来说，哪些是最迫切、最需要去办理的事情，区分轻重缓急，有条不紊地去处理，这样才会取得事半功倍的效果。

要实现目标，要培养个人高尚的品格，尤其是要重操守。所谓操守，就是哪些事情可以做，哪些不能做。比如在单位中工作，要爱岗敬业，忠于本职，尊重上级，团结同仁，这些都是基本的操守。更不能出卖单位的利益，做出违法乱纪并有损人格的事情。

要实现目标，凡事要把握好一个“度”。适度也即恰到好处，做什么事情都有理有节，这是一个很高的要求。什么叫恰到好处？就是：尽力而为，不敷衍了事；乐于助人，不文过饰非；以诚待人，不阳奉阴违；等等。

第 4 篇　明德

导读：“大学之道，在明明德。”一个人要立足于社会，最重要的是要具有良好的德行。人“性相近，习相远”，良好的德行只有通过教育和社会实践才能养成。由此推己及人，使人人都能去除心灵的杂质，精益求精，力促个人品德的尽善尽美。主要内容选自《孟子》、《易经》、《中庸》等。

4.1　子曰：“道者所以明德也，德者所以尊道也。是故非德不尊，非道不明。”

【译文】孔子说：“道义是用来彰明德行的，德行是用来尊崇道义的。所以，没有德行，道义就得不到尊崇；没有道义，德行就得不到彰明。”

【感悟】在春秋时，“道”与“德”是不同的概念。“道”是本体，形而上的；“德”是具体，形而下的。如果不尊道崇德，这个社会很快就会变成新的“春秋战国”。

4.2　曾子曰：“先王之所以治天下者五：贵德、贵贵、贵老、敬长、慈幼。此五者，先王之所以定天下也。所谓贵德，为其近于圣也；所谓贵贵，为其近于君也；所谓贵老，为其近于亲也；所谓敬长，为其近于兄也；所谓慈幼，为其近于弟也。”

【译文】曾子说：“先王用来治理天下的方法有五条：崇尚道德，崇尚尊贵，尊敬老人，尊敬年长的，爱护年幼的。这五条，就是先王用来使天下安定的方法。崇尚道德，是因为它接近于圣贤；崇尚尊贵，是因为它接近于君主；尊敬老人，是因为他接近于父母；尊敬年长的，是因为他接近于兄长；爱护年幼的，是因为它接近于弟弟。”

【感悟】治理天下，不管方法有多种，尊崇道德永远是第一位的。而今，我们总是在批评这个社会缺德的事情太多了，然而又有多少人愿意从自身进行检讨呢？

4.3 子曰：“大哉尧之为君，惟天为大，惟尧则之，荡荡乎民无能名焉。君哉舜也，巍巍乎有天下而不与焉。”

【译文】孔子说：“伟大啊，尧做天子！只有天最伟大，（也）只有尧能效法天，他的圣德无边无际，百姓找不到恰当的词语来赞美他！舜也是了不起的天子！光明正大地统治天下而毫不利己。”

【感悟】老祖宗尧、舜给我们树立了一个很高的道德标准，他们的道德核心其实就是八个字：光明正大，公正无私。

4.4 子曰：“唐虞禅，夏后殷周继：其义一也。”

【译文】孔子说：“唐尧、虞舜禅让，夏商周三代世袭，道理是一样的。”

【感悟】人类最早的接班人制度，就是禅让制。这个制度的好处，是让道德高尚的人出来为天下人服务。

4.5 子曰：“道二：仁与不仁而已矣。”

【译文】孔子说：“路只有两条：仁和不仁，如此而已。”

【感悟】道德的核心是“仁”。从文字结构看是“二人”，只有构成人与人之间的关系的地方，才有仁的存在。孟子说“仁者爱人”，即能够尊重、爱护他人的，就是履行仁德的人。

4.6 **子曰：“仁不可为众也。夫国君好仁，天下无敌。”**

【译文】孔子说：“仁德是不在乎人多势众的。国君爱仁，天下无敌。”

【感悟】民众是喜欢领导者起表率作用的。孔子说过，“其身正虽令不从”。如果居上位的人都能履行仁德，当然可以无敌于天下了。

4.7 **子曰：“小子听之：清斯濯缨，浊斯濯足矣。自取之也。”**

【译文】孔子说：“弟子们听好！水清就用来洗帽缨，水浊就用来洗双脚。这都是水自己造成的。”

【感悟】清者自清，浊者自浊。良好的品德在于自身的修养，缺德的人就像浊水一样，只能用来洗脚。

4.8 **子贡问于孔子曰：“夫子圣矣乎？”子曰：“圣则吾不能。我学不厌而教不倦也。”**

【译文】子贡问孔子说：“您是圣人了吧？”孔子说：“圣人我做不到。我只是学不知足、教不知倦而已。”

【感悟】培养良好的品德，要重视学习。学习是提高个人修养的主要途径。

4.9 **《诗》云：“迨[1]天之未阴雨，彻彼桑土，绸缪牖户。今此下民，或敢侮之？”子曰：“为此诗者，其知道乎！能治其国家，谁敢侮之！”**

【译文】《诗经》中说：“趁着天晴没下雨，剥些桑树皮补好门窗。如果把巢坚固了，谁还敢欺侮我？”孔子说：“写诗的人很懂道理！能治理好自己的国家，谁还敢欺侮他？”

---

① 迨［dài］：趁着。

【感悟】凡事预则立，天晴要留下雨粮，不要等到祸患到了才呼天唤地。

4.10 子曰：“君薨，听于冢宰。歠[1]粥，面深墨，即位而哭。百官有司莫敢不哀，先之也。”

【译文】孔子说：“君主死了，政务听从于冢宰。太子只得喝粥，脸色深黑，就临孝子之位便哭泣。大小官吏没有谁敢不悲哀，这是因为太子带了头。”

【感悟】榜样的力量是无穷的。无论是领导者，还是一般员工，只要勇于在各个方面带好头，就会获得意想不到的无穷力量。

4.11 孔子尝为委吏矣，曰：“会计当而已矣。”尝为承田矣，曰：“牛羊茁壮长而已矣。”

【译文】孔子曾做过管理仓库的小吏，说：“出入账目没差错就行。”又曾做过管理牲畜的小吏，说：“牛羊都长得茁壮就行。”

【感悟】良好的品德，在于干一行爱一行。一些人缺乏幸福感，在于眼高手低，总想一步到位当总裁。连孔子都当过会计出纳，我们又何妨做好手头的小事呢？

4.12 宰予、子贡善为说辞，冉牛、闵子、颜渊善言德行。孔子兼之，曰：“我于辞命，则不能也。”

【译文】宰予、子贡善于言辞，冉牛、闵子、颜渊善于阐述德行。孔子兼而有之，但他又说：“我对于辞令是不擅长的。”

【感悟】每个人都有长处。圣人与普通人的不同，就是能将普通人的长处广泛吸收，并转变成自己的本领。所以说，孔子是从能人变成圣人的。

---

① 歠［chuò］：喝，饮。

4.13 子曰："德之流行，速于置邮而传命。"

【译文】孔子说："道德的流行，比驿站传达政令还要快。"

【感悟】教育是立国之本。好事传千里，坏事也传千里。如果能将良好的教化普及于民，这个国家就会充满希望和活力。

4.14 **鲁用偶人葬，孔子叹。睹用人殉之兆也，故叹以痛之。**

【译文】鲁国用偶人殉葬，孔子为此而悲叹不已。他从中看出将会用人殉葬的苗头，因此哀痛之。

【感悟】孔子之所以是圣人，就是能从一个简单的现象中，看出其深刻的内涵。采用木偶殉葬，就意味着以后会用活人。

4.15 子曰："始作俑者，其无后乎!"

【译文】孔子说："最初采用土偶木偶陪葬的人，该是会断子绝孙吧!"

【感悟】圣人也会怒发冲冠，拍案而起！只要是为这个社会起坏榜样的，通通断子绝孙!

4.16 曾子曰："胁肩谄笑，病于夏畦。"

【译文】曾子说："装出一副讨好人的笑脸，比顶着烈日在菜地里干活还难受。"

【感悟】什么叫缺德？明明心里想要你的脑袋，表面却装着和你是哥们的样子。

4.17 子路曰："未同而言，观其色赧赧然，非由之所之也。"

【译文】子路说："分明不愿意和那人谈话，却要勉强去谈，脸上还做出羞涩的样子，这种人不是我所能够理解的。"

【感悟】当面指责你、批评你的，并不可怕。有错就改，善莫大焉。怕的就是心里想伤害你，却与你套近乎的人。在日常生活中，要多注意这些伪君子。

4.18 **子曰：“过我门而不入我室，我不憾焉者，其惟乡愿乎！乡愿，德之贼也。”**

【译文】孔子说：“从我家门口经过却不进我的屋里来，而我并不为之遗憾的，只有那欺世盗名的好好先生了！好好先生，他们是偷道德的贼。”

【感悟】交朋友要真诚以待，开诚布公。好好先生是“骑墙派”，见风使舵，处事没有原则，啥事都不会表露个人观点。这种人或是水平不够，或是太过于世故圆滑。

4.19 **子曰：“恶似而非者：恶莠，恐其乱苗也；恶佞，恐其乱义也；恶利口，恐其乱信也；恶郑声，恐其乱乐也；恶紫，恐其乱朱也；恶乡愿，恐其乱德也。”**

【译文】孔子说：“厌恶那些表里不一的东西：厌恶杂草，怕它搞乱禾苗；厌恶花言巧语，怕它搞乱正义；厌恶夸夸其谈，怕它搞乱信用；厌恶郑国乐曲，怕它搞乱雅乐；厌恶紫色，怕它搞乱红色；厌恶好好先生，怕他搞乱道德。”

【感悟】孔子论“六恶”，可概括成“六种缺德者”。缺德者的主要表现，就是表里不一，看不到他的内心世界。这种人哪能交朋友呢？哪能交给重要工作呢？

4.20 **子曰：“言人之恶，非所以美己；言人之枉，非所以正己。”**

【译文】孔子说：“说别人丑陋，并不能证明自己美；说别人的过失，并不能证明自己正确。”

【感悟】缺德者总喜欢指点江山，论人短长。如果每个人都能反躬自省，多看多说别人的长处，尤其是珍惜身边的人和事，多发现身边的真善美，那么这个社会就和谐得多了。

4.21 子曰："天无二日，民无二王。"

【译文】孔子说："天上没有两个太阳，百姓没有两个君主。"

【感悟】即使有两个太阳和两个君主，缺德的一方，一定会被后羿射下来的。

4.22 子曰："于斯时也，天下殆哉岌岌乎！"

【译文】孔子说："在这个时候，天下岌岌可危啊！"

【感悟】春秋时期，道德沦丧，天下危殆。而今应该以史为鉴，不要重蹈覆辙。

4.23 孔子观于东流之水。子贡问于孔子曰："君子之所以见大水必观焉者，是何？"子曰："夫水遍与诸生而无为也，似德。其流也埤下，裾拘必循其理，似义。其洸洸乎不淈[①]尽，似道。若有决行之，其应佚若声响，其赴百仞之谷不惧，似勇。主量必平，似法。盈不求概，似正。淖约微达，似察。以出以入以就鲜絜[②]，似善化。其万折也必东，似志。是故见大水必观焉。"

【译文】孔子观看向东流去的河水。子贡问孔子说："您见到大水必定观看，这是为何呢？"孔子说："那流水，普遍地养育万物而无所作为，就好像德操；它流向低处，弯弯曲曲，遵循一定规律，就好像正义。它浩浩荡荡，奔

① 淈［gǔ］：枯竭。
② 絜［jié］：同"洁"。

流不息，就好像真理；掘开堵塞使它通行，随即奔腾向前，好像回声应和原来的声响，奔赴百丈深谷也不怕，就好像勇敢；它注入量器时一定很平，就好像法度；注满量器，不需刮板刮平，就好像公正；它柔弱细小无微不至，就好像明察；各种东西在水里淘洗，就会变得洁净鲜美，就好像善于教化；它百转千回必然向东，就好像意志。所以看见大水就要观赏它。"

【感悟】每天我们都喝水用水，却没有发现水具备了君子的最完美德行。真理源于发现，做人学水之德。

4.24 《诗》曰："天生烝[①]民，有物有则。民之秉彝，好是懿德。"孔子曰："为此诗者，其知道乎！故有物必有则。民之秉彝也，故好是懿德。"

【译文】《诗经》中说："上天生养人类，万物都有法则。百姓把握常规，喜爱崇高品德。"孔子说："作诗的人真懂得道啊！有事物就一定有法则。百姓掌握了它，就能崇尚美德。"

【感悟】最佳的道德，就在于遵循事物的发展规律，而不是逆天而行。

4.25 子曰："操则存，舍则亡；出入无时，莫知其乡。"

【译文】孔子说："把握住就存在，放弃了就失去；进出没有一定时间，也不知道它去何方。"

【感悟】孔子的原意是讲心的作用，即人要保持善良的本心。这里演绎为遵循客观规律的重要性。规律，你把握就存在，放弃就失去。因此，善政者既要保持善良的本心，也要遵循客观的规律。

4.26 子曰："劳而不伐，有功而不德，厚之至也，语以其功下人者

---

① 烝［zhēng］：众多。

也。德言盛，礼言恭。谦也者，致恭以存其位者也。”

【译文】孔子说：“有功劳而不夸耀，有功德而不自居，敦厚极了，讲的是不居功自傲而甘居人下的人。德行讲求广大，礼节讲求谦恭。谦让，就是致力于恭敬而保全自身的处世原则。”

【感悟】从个人品德修养来说，谦虚无疑是处世的第一要义。懂得谦虚的人，永远有一种乐观豁达的态度，也能得到更多的资源和帮助。

4.27 季康子谓子游曰：“仁者爱人乎？”子游曰：“然。”“人亦爱之乎？”子游曰：“然。”康子曰：“郑子产死，郑人丈夫舍玦佩，妇人舍珠珥，夫妇巷哭，三月不闻竽琴之声。仲尼之死，吾不闲鲁国之爱夫子奚也？”子游曰：“譬子产之与夫子，其犹浸水之与天雨乎？浸水所及则生，不及则死，斯民之生也必以时雨，既以生，莫爱其赐。故曰：譬子产之与夫子也，犹浸水之与天雨乎？”

【译文】季康子问子游说：“仁者热爱别人吗？”子游说：“是的。”“别人也爱仁者吗？”子游说：“是的。”季康子说：“郑子产死后，郑国的男子摘下玉佩，女人摘下耳饰，夫妇在巷子里哭泣，人们三个月听不到乐器的声音。孔子死后，我没有听说鲁国人民那样来表达热爱他的感情，为何呢？”子游说：“拿子产与先生相比，大概像灌溉用的水与天上的雨一样吧？灌溉用的水到达的地方庄稼就会生长，到不了的地方庄稼就会死亡。百姓的生存，一定是靠着雨水；现在百姓已经生存，就感觉不到雨水的可爱。所以说，拿子产与先生相比，好像灌溉用的水与天上的雨一样吧？”

【感悟】子产是难得的贤臣，但不是圣人。贤臣治世，能够泽被身边之人或一国之人，但不能影响万代。孔子就像雨水一样，无论何时、何世、何地，都离不开其教诲和影响，正所谓“百世之师”也。

4.28 子曰：“君子有三恕：有君不能事，有臣而求其使，非恕也；

有亲不能孝，有子而求其报，非恕也；有兄不能敬，有弟而求其顺，非恕也。士能明于三恕之本，则可谓端身矣。”

【译文】孔子说：“君子有三恕：有国君而不能侍奉，有臣子却要役使，这不是恕；有父母不能孝敬，有儿子却要他报恩，这不是恕；有兄长不能尊敬，有弟弟却要他顺从，这也不是恕。读书人能明了三恕的根本，可算是行为端正了。”

【感悟】“三恕”的要义，在于讲明了因果关系。当你栽下善因的时候，其实不需惦记，因为善果在等着你去摘取呢！

4.29 子曰：“舜其大孝也与！德为圣人，尊为天子，富有四海之内。宗庙飨之，子孙保之。故大德必得其位，必得其禄，必得其名，必得其寿。”

【译文】孔子说：“舜可算得上是最孝顺的人吧！他具有圣人的崇高德行，又有天子的尊贵地位，拥有普天下的财富。宗庙里祭祀他，子孙都保持他的功业。所以，有大德的人必定得到应得的地位，必定得到应得的财富，必定得到应得的名声，必定得到应得的寿命。”

【感悟】孝道是德行之本，舜是德行的楷模。能立德的人，必定会得到意想不到的回报。其实，你不需要想得太多，以为圣人离我们很遥远。只要像舜一样真正地尽孝道，那么恭喜你，你就像舜一样成为圣人了。

【点睛之笔】

重塑道德，让这个社会有了灵魂

法国著名思想家孟德斯鸠在《论法的精神》中，论及法治得以运行的内在要求，这个要求就是品德！

这个思想与孔子不谋而合。孔子说："道之以政，齐之以刑，民免而无耻；道之以德，齐之以礼，有耻且格。"仅靠强硬的政治手腕和严酷的刑罚，虽能将百姓治理得服服帖帖，但民众如果没有羞耻之心，依然会知法犯法。如果治民以德政，再引导民众讲礼仪、重操守，则百姓懂得哪些事情不能做，即使犯了小错，也有羞耻之心。

我们都在抱怨，这个社会无良的事情很多，防不胜防。而在感叹世风日下、道德沦丧之时，又有多少人愿意从自身做起，来努力重新塑造这个社会的道德呢？当每个人都习惯于指责别人缺德，或这个社会缺德时，那么谁应该为这个"缺德"买单呢？

从我做起吧，加强个人修养，提高个人道德情操，从而影响自己的家人，进而影响身边的人，以至这个社会的人。"食"字，是人字下面一个良字，换言之，制作食品是个良心活。如果每个人能从自己做起，讲良心，那么这个社会肯定变得和谐了。

当然，仅靠个人自律，就希望构建道德之理想大厦，无疑是缘木求鱼、遥不可及。须知，道德的理想大厦，也像建筑一幢高楼一样，需要选址论证、规划设计、土建施工，以至于最后装修、水电安装等。能够实现这幢大厦最后竣工的，肯定是施工单位和相关工程技术人员。

同理，操盘道德大厦的构建承接主体，一定是这个地方的执政者。所以说，政府作为施工单位，是构建社会道德的当仁不让的主体。可以这么说，出现道德的问题，无论从任何角度来看，我们都能追寻到这个责任主体，它是有为还是无为的！

人们感叹：为何同样的人，在中国香港、新加坡等地方时，变得非常守法，一旦回到国内，又故态复然，依然成为一个个"缺德"的人？这说明，在某个时间阶段，个人的道德自律是非常脆弱的，甚至是无助的。

改变这种现状，首先是这个建筑施工主体及其施工人员，要"其身正"，才能有令必行。这说明，重塑道德需要自上而下的推动。没有公平正义的社会机制作垫底，道德规范必然成无源之水、无本之木。

在这个基础上，才是建立法治为基础，并能真正公正实行的法律框架。有法可依，有法必依，执法必严，违法必究，这几句话很完美，充分体现了法治精神，但是为什么不能真正落实呢？

一个国家，如果没有国民素质的提高和道德的力量，绝不可能成为一个真正强大的国家、一个受人尊敬的国家。重塑道德要讲“真正”，而不是挂在嘴边！

第 5 篇　中庸

导读：在孔子看来，中庸是一种至高无上的美德。其真谛是中道的运用，即不走极端，不为偏激，追求一种适度、合宜的最佳状态。这种状态就是中和。喜怒哀乐没有表现出来时叫做中，表现出来后恰到好处叫做和。中是方法，是过程；和是方向，是目标。主要内容选自《中庸》，并以之为篇名。

5.1　子曰："君子中庸，小人反中庸。君子之中庸也，君子而时中；小人之中庸也，小人而无忌惮也。"

【译文】仲尼说："君子倡导中庸，小人违背中庸。君子之所以中庸，是因为随时做到适中，无过无不及。小人之所以违背中庸，是因为肆无忌惮，专走极端。"

【感悟】君子和小人的差别，就是在于待人处世的方法。君子追求适中和谐，大小刚好，无过无不及。小人则喜欢钻牛角尖，不是太左就是太右。

5.2　子曰："道其不行矣夫。"

【译文】孔子说："中庸的道理恐怕不能实行啊！"

【感悟】一种社会理想，实行起来是很难的。所以说"自古圣贤多磨难"。

5.3 子曰："道之不行也，我知之矣，知者过之，愚者不及也；道之不明也，我知之矣，贤者过之，不肖者不及也。人莫不饮食也，鲜能知味也。"

【译文】孔子说："中庸之道不能实行的原因，我知道了，聪明人自以为是，认识过头；愚蠢者智力不及，不能理解。中庸之道不能弘扬的原因，我知道了，贤人做得太过分，不贤者根本做不到。就像每天都要吃喝，却很少有人能享受美味。"

【感悟】中庸之道不能实行，是因为我们作为人的，要么太聪明，要么太笨蛋。还自以为是，个个是孔子，人人是圣贤。另外是缺少上层的推动。孔子周游列国，目的就是想让其理想接"天气"，可惜未能如愿。

5.4 子曰："舜其大知也与！舜好问而好察迩言。隐恶而扬善，执其两端，用其中于民，其斯以为舜乎。"

【译文】孔子说："舜是大智慧的人！他喜欢问问题，又善于分析别人话语里的含义。隐藏人家的短处，宣扬人家的好处，过与不及两端的意见他都掌握，采纳适中的用于百姓。这就是舜之所以为舜的地方！"

【感悟】舜是履行中庸之道的模范，做什么事情，都是恰到好处。我们要学习舜的大智慧，而不是要小聪明。

5.5 子曰："诗云：'伐柯伐柯，其则不远。'执柯以伐柯，睨[①]而视之，犹以为远。故君子以人治人，改而止。"

【译文】孔子说："《诗经》说：'砍削斧柄，斧柄的式样就在眼前。'握着斧柄砍削斧柄，应该说不会有什么差异，但如果你斜眼一看，还是会发现差异很大。所以，君子总是因人而治，只要能改正错误实行道就行。"

---

① 睨［nì］：斜着眼睛看。

【感悟】实行中庸之道，并非要将每个人打造成一个模型。而是像制作斧柄一样，手中的原木以手里的斧柄为模板，虽制作出来后两者的样式差不多，但新旧、长短、花纹等毕竟都不同。正如治理之道，要因人而治。

5.6 子曰："人皆曰'予知'，驱而纳诸罟[①]获陷阱之中，而莫之知辟也；人皆曰'予知'，择乎中庸，而不能期月守也。"

【译文】孔子说："人都说自己聪明，可是被驱赶到罗网陷阱中却不知躲避；人都说自己聪明，可是选择了中庸之道，却连一个月时间也不能坚持。"

【感悟】聪明人之所以吃亏，就是因为太聪明：一是在尘世纷扰的环境中，找不到归依之处。二是太急躁，总想一锄头挖成一个坑。

5.7 子曰："天下国家可均也，爵禄可辞也，白刃可蹈也，中庸不可能也。"

【译文】孔子说："天下国家可以治理，官爵俸禄可以放弃，白刃可以践踏而过，中庸却不容易做到。"

【感悟】人可放弃各种诱惑，但能做到为理想而献身的，还真是不多。

5.8 孔子观于鲁桓公之庙，有欹[②]器焉，孔子问于守庙者曰："此为何器？"守庙者曰："此盖为宥坐之器。"子曰："吾闻宥坐之器者，虚则欹，中则正，满则覆。"孔子顾谓弟子曰："注水焉。"弟子挹水而注之。中而正，满而覆，虚而欹，孔子喟然而叹曰："吁！恶有满而不覆者哉！"子路曰："敢问持满有道乎？"子曰："聪明圣知，守之以愚；功被天下，守之以让；勇力抚世，守之以怯，富有四海，守之以谦：此所谓挹而损之之道也。"

---

① 罟［gǔ］：渔网。

② 欹［qī］：倾斜。

【译文】孔子参观鲁桓公庙，看到一只倾斜的器皿。孔子问守庙人："这是什么？"守庙人说："这是君主放在座位右边来警戒自己的器皿。"孔子说："听说这种器皿，不注水时就会倾斜，倒入一半水时就会端正，注满水后就会翻倒。"孔子回头对弟子说："往里面注水吧！"弟子取水注入里面。注入一半时就端正了，注满后就翻倒了，空了又恢复了倾斜。孔子感慨地说："唉！哪有满了不翻倒的呢？"子路说："我想问一下有保持盈满的方法吗？"孔子说："聪明圣智，就要用笨拙来保持它；功劳惠及天下，要保持谦让的态度；勇敢有力，要用怯懦来保持它；富有天下，要用节俭来保持它。这就是保持盈满的方法。"

【感悟】欹器原是一种灌溉农具。因它的工作原理对处世之道很有启发性，所以鲁君将其作为警醒的器物放在身边，时时提醒君王要保持中庸之道。这也是我国最早的"座右铭"。

5.9 子路问强。子曰："南方之强与，北方之强与，抑而强与？宽柔以教，不报无道，南方之强也，君子居之。衽金革，死而不厌，北方之强也，而强者居之。故君子和而不流，强哉矫！中立而不倚，强哉矫！国有道，不变塞焉，强哉矫！国无道，至死不变，强哉矫！"

【译文】子路问什么是强。孔子说："南方的强呢？北方的强呢？还是你认为的强呢？用宽容柔和的精神去教育人，人家对我蛮横无理也不报复，这是南方的强，品德高尚的人具有这种强。用兵器甲盾当枕席，死而后已，这是北方的强，勇武好斗的人具有这种强。所以品德高尚的人和顺而不随波逐流，这才是真强！保持中立而不偏不倚，这才是真强！政治清平时不改变志向，这才是真强！政治黑暗时坚持操守，宁死不变，这才是真强！"

【感悟】什么是强大？是顶天立地、力拔山兮吗？不是的，那叫帅哥，那叫勇敢，不是强大。强大的人：有原则，不随波逐流；有立场，不左右逢源；有抱负，不鼠目寸光。

5.10 子曰：“素隐行怪，后世有述焉，吾弗为之矣。君子遵道而行，半途而废，吾弗能已矣。君子依乎中庸，遁世不见知而不悔，唯圣者能之。”

【译文】孔子说：“寻找隐僻的道理，做些怪诞的事情，后世也许会有记述，但我绝不这样做。有些品德不错的人按照中庸之道去做，但半途而废了，而我是绝不会停止的。真正的君子遵循中庸之道，即使一生默默无闻也不后悔，只有圣人才能做到。”

【感悟】坚守中庸之道的人，一定是奋发有为、积极向上、不计较个人名利的人。正所谓：“丹心育桃李，秦松汉柏；俯首做人桥，益友良师。”

5.11 子曰：“道不远人，人之为道而远人，不可以为道。”

【译文】孔子说：“中庸之道是离人不远的，假使有人为了中庸之道而远离人群，那就不称之为道了。”

【感悟】真理是在衣食住行中体现出来的，正所谓大道至简。如果佛真的在西天，那么东天的人就无法学佛了。

5.12 子曰：“忠恕违道不远。施诸己而不愿，亦勿施于人。”

【译文】孔子说：“一个人做到忠恕，离道就差不远了。自己不愿意做的事，不要施加给别人去做。”

【感悟】忠恕是什么？简单来说，“忠”是严于律己，“恕”即宽以待人。

5.13 子曰：“君子之道四，丘未能一焉：所求乎子以事父，未能也；所求乎臣以事君，未能也；所求乎弟以事兄，未能也；所求乎朋友先施之，未能也。庸德之行，庸言之谨，有所不足，不敢不勉，有余不敢尽。

言顾行，行顾言，君子胡不慥[①]慥尔？”

【译文】孔子说：“君子的道有四项，我一项也未能做到：作为儿子应对父亲做到的，我未能；作为臣民应对君王做到的，我未能；作为弟弟应对哥哥做到的，我未能；作为朋友应先做到的，我未能。平常的德行努力实践，平常的言谈尽量谨慎。德行的实践有不足的地方，不敢不勉励自己努力；言谈不敢放肆而无所顾忌。说话符合行为，行为符合说过的话，这样的君子怎会不忠诚呢？”

【感悟】孔子讲君子四项基本美德：忠、孝、悌、信。最简单的道理也最难做到，只要日常尽力去做就行。你日积月累多做有益的事情，当有一天早晨起床时，你突然发现自己也成为圣人了。

5.14 子曰：“射有似乎君子，失诸正鹄[②]，反求诸其身。”

【译文】孔子说：“君子立身处世就像射箭一样，射不中，不怪靶子不正，只怪箭术不行。”

【感悟】孔子讲得真好！失败固然有客观原因，但主要是自己“箭术”不行。

5.15 子曰：“鬼神之为德，其盛矣乎。视之而弗见，听之而弗闻，体物而不可遗。使天下之人齐明盛服，以承祭祀。洋洋乎如在其上，如在其左右。”

【译文】孔子说：“鬼神的德行真是大得很！看它看不见，听它听不到，但它体现在万物中，使人无法离开。天下人都斋戒净心，穿着庄重整齐的服装去祭祀它。它无所不在！好像就在你的头上，好像就在你左右。”

---

① 慥［zào］：忠厚诚实的样子。

② 鹄［gǔ］：箭靶子。

【感悟】孔子说："敬鬼神而远之！"为什么要"敬"？因为鬼神若有又若无，看不见又听不到，但很多人又离不开它，这就像中庸之道。为什么要"远"？如果不疏远它，就变成了迷信。

5.16　子曰："好学近乎知，力行近乎仁，知耻近乎勇。"

【译文】孔子说："喜欢学习就接近了智，努力践行就接近了仁，知道羞耻就接近了勇。"

【感悟】认真学习加上勇于实践，再加上自警自省，几乎就等于成功。

5.17　子曰："愚而好自用，贱而好自专，生乎今之世，反乎古之道。如此者，灾及其身也。"

【译文】孔子说："愚昧却喜欢自以为是，卑贱却喜欢独断专行，生于今世却想回到古时去。这样做，灾祸一定会降临到身上。"

【感悟】喜欢自以为是的，往往认为自己是聪明人；喜欢独断专行的，往往认为自己是大能人；喜欢回到古代去的，往往认为自己是有神通的人。

5.18　子曰："夫政也者，蒲卢也，故为政在人，取人以身，修身以道，修道以仁。仁者，人也，亲亲为大。义者，宜也，尊贤为大。"

【译文】孔子说："政事就像芦苇一样，完全取决于用什么人，选拔人才取决于自身修养，修身立己在于遵循大道，遵循大道要从仁义做起。仁就是爱人，亲爱亲族是最大的仁。义就是事事做得适宜，尊重贤人是最大的义。"

【感悟】治理政事，关键在人。人的本质，要在仁义。仁者，就是能够视众生如父母；义者，就是能够尊贤用贤，在合适的时间做合适的事情。

5.19　子曰："人道敏政，地道敏树。"

【译文】孔子说："治理百姓的方法在于搞好政事，经营土地的方法在于多种树木。”

【感悟】做什么事情，都要抓住“牛鼻子”。胡子眉毛一把抓，如同给小猪剪毛，尖叫声很大，但剪下的毛却不多。

5.20 子曰：“声色之于化民，末也。”

【译文】孔子说：“用厉声厉色去教育百姓，是最拙劣的行为。”

【感悟】或者说，以奢靡之风来引导百姓，那是极端错误的做法。

5.21 子曰：“吾说夏礼，杞不足征也；吾学殷礼，有宋存焉；吾学周礼，今用之，吾从周。”

【译文】孔子说：“我谈论夏朝的礼制，夏的后裔杞国已不足以验证它；我学习殷朝的礼制，殷的后裔宋国还残存着它；我学习周朝的礼制，现在还实行着它，所以我遵从周礼。”

【感悟】孔子崇尚周礼，是认为那是最理想的文化精神。这种精神，充分体现了中庸之道。

5.22 子曰：“无忧者，其唯文王乎。以王季为父，以武王为子，父作之，子述之。武王缵[①]大王、王季、文王之绪，壹戎衣，而有天下。身不失天下之显名，尊为天子，富有四海之内，宗庙飨之，子孙保之。”

【译文】孔子说：“人生没有遗憾的恐怕只有周文王吧。父亲王季是一代圣王，儿子周武王更是一代明君，文王美好的德行与志向承其父王传其子嗣。周武王继承并光大先王的道德和事业，戎衣革命，建立天下。成为一代圣王，贵为一国之君，享有天下财富，宗庙里祭祀他，子孙繁荣安定。”

【感悟】人能真正做到无遗憾，就是能为自己的理想而奋斗终生。如果这

① 缵［zuǎn］：继承。

个理想能够像周文王一样得以实现的话，那你不是圣人谁又是圣人呢？

5.23 **曾子曰：“击舟水中，鸟闻之而高翔，鱼闻之而渊藏。”**

【译文】曾子说：“同是因敲击船板而发出的声音，鸟听了高飞而去，鱼听了藏入深渊。”

【感悟】听到了声音，鸟和鱼都知道该怎么做，为什么具备大智慧的人，听闻到了真理，而不去努力践行呢？是人不如鸟、人不如鱼吗？

5.24 **宰我问：“君子尚辞乎？”子曰：“君子以理为尚。博而不要，非所察也。繁辞富说，非所听也。唯知者，不失理。”**

【译文】宰我问：“君子崇尚言辞吗？”孔子说：“君子崇尚道理。学识渊博却不得要领，不是君子所要关注的。辞藻华丽且夸夸其谈，不是君子乐意听闻的。只有智者，言谈处事不失准则。”

【感悟】真正的智者，是不会耍嘴皮子的。正如诸葛亮批评某些人：“坐谈立议，无人能及；随机应变，百无一能。诚为天下笑耳！”

5.25 **孔子过康子，子张子夏从。孔子入座。二子相与论，终日不决。子夏辞气甚隘，颜色甚变。子张曰：“子亦闻夫子之议论邪？徐言訚[①]訚，威仪翼翼，后言先默，得之推让，巍巍乎！荡荡乎！道有归矣。小人之论也，专意自是，言人之非，瞋目扼腕，疾言喷喷，口沸目赤。一幸得胜，疾笑嗌[②]嗌，威仪固陋，辞气鄙俗，是以君子贱之也。”**

【译文】孔子拜访季康子，子张子夏陪从。孔子进屋和康子座谈时，这两个学生在外边论辩起来，一天也没有结果。子夏辞气很盛，脸色激动。子张

① 訚［yín］：说话或争辩时正直而和蔼的样子。
② 嗌［ài］：笑声。

说："你也听过先生辩论吧！和颜悦色，侃侃而谈，仪态庄重，先默听后发言，得理能让，议论深刻，旁征博引，讲出道理。小人论辩，自以为是，尽说别人的错误，瞪着眼睛掐着手腕，说个不停，口喷唾沫，两眼发红。一旦侥幸得胜，便得意狂笑，威仪扫地，言辞粗俗，因此君子鄙视这样的论辩。"

【感悟】高明的论辩者，是胸有成竹、气定神闲，始终把握论辩的主动权的。小人只能称之为争吵，如同泼妇骂街，偶尔驳倒人家，也只是侥幸取胜。

5.26 公不闻老莱子之教孔子事君乎？示之其齿之坚也，六十而尽相靡也。

【译文】您没听说老莱子教导孔子如何侍奉国君吗？他指着牙齿说：人的牙齿很坚硬，到了六十岁，牙齿就损坏完了，这是因为牙齿经常互相磨损的缘故。

【感悟】这是本篇的点题之笔。牙齿和舌头，一个是硬的，一个是软的。但到了一定年龄，牙齿就磨损光了，而舌头依然完好。这就是老子所说的"柔弱胜刚强"的道理。中庸之道，难道不也是如此吗？

【点睛之笔】

把握中和，这个社会为何要倡导中庸之道

中医治疗，寒病的采用热治，热病的采用寒治。寒就要热，热就要寒，结就要散，劳就要逸。这种做法就是"致中和"，是治疗的最高境界。

这就是中庸之道。

中庸两个字比较费解，自古至今有很多解释，概括起来不外是两种：一种是中与庸的意义并列，中为中道，庸为不变，即中道为不变的真理。一种是以中为核心词，庸指运用，即中道的运用。

实际上，《中庸》一文已说得很清楚，喜怒哀乐没有表现出来时叫做

中，表现出来后恰到好处叫做和。只有达到“中和”的境界，天地便各归其位，万物便生长繁育了。

可以这样说，中庸是通过净化个人的内心世界，在社会生活中处理各种事务时达到的最佳状态。它不左不右，不前不后，不偏不倚，也不落在中间。如果是中道，是中间之道，那么就无法正确理解什么是最佳状态了。

因而孔子才这样说，中庸实行起来有点难！虽然难，只要你有这个决心，实行中庸之道，就向前走进了一步，日积月累，就走向了成功。

人生要进步，要发展，必须要有明确的目标和方向；如何走好这条路，如何让成功更加璀璨夺目，就必须走中庸之道，这是万古不变的真理！

历史上，很多帝王喜欢“玩中庸”，为何这样说，因为他们把这种至善的道德变成了权术，无法深入领会到中庸的精髓，或许，这就是圣人倡导中庸之道无法实行而发出的悲叹。

从个人来说，净化自己较为容易，就像颜回一样，“一箪食，一瓢饮，在陋巷，人不堪其忧，回也不改其乐”。不管雨打风吹，我自岿然不动。这就是圣人之道、中庸之道。再次之，学习曾子“日三省吾身”，每天减少一些缺点，也能重塑自己完美的人格。

但是，要净化这个社会，以至这个人类，就很难了。孔子愿意花十几年的时间周游列国，饱受艰难困苦，为的就是让中庸之道找到理想的沃土，扎根发芽，建设自己的理想国。可是那些君主，缺乏尧舜之德之才，只看到眼前的蝇头小利，欺世盗名，最终只能让圣人之道望洋兴叹，成为一曲历史悲歌！

当今之世，应是实行圣人之道的好时机。无论是在治国理政中，或是在社会生活中，还是在个人修养中，都应该将中庸之道贯穿其中，努力构建一种新型的平衡关系，使这个社会运行达到新的最佳状态。

第6篇　良史

导读：良史，即优秀的史官，职责是忠实地记录历史，是非曲直，尽在笔下。春秋史官，直笔记史，石破天惊。前有三太史舍命记录崔杼弑君恶行，后有董狐直笔，直哉春秋史官！本篇以“良史”命名，以正直为义，不亦宜乎。主要内容选自《左传》、《韩非子》、《韩诗外传》等。

6.1　子曰：“董狐古之良史也，书法不隐。”

【译文】孔子说：“董狐是古代的好史官，直笔记史，刚正不阿。”

【感悟】文天祥的《正气歌》中有：“在齐太史简，在晋董狐笔。”晋国赵穿杀死晋灵公，董狐将“弑君”之账记在当朝执政的赵盾身上，赵盾辨明非他所杀。董狐说：“子为正卿，亡不越境，反不讨贼，非子而谁？”

6.2　子曰：“宽哉，不被于利！洁哉，民性有恒！曲为曲，直为直。”

【译文】孔子说：“胸怀宽广啊，不被利益所诱惑！品德纯洁啊，人的本性不变！曲的就是曲的，直的就是直的。”

【感悟】做人要像董狐一样，胸怀宽广、品德高尚，不为利益所诱惑。这样才能辨明是非曲直，不为历史迷雾所干扰。

6.3　子曰：“天无私覆，地无私载，日月无私照。”

【译文】孔子说："就像天那样无私地覆盖万物，像地那样无私地承载万物，像日月那样无私地照耀万物。"

【感悟】天地日月对待人类，都是无私的奉献。人作为万物之灵长，难道不能仿效吗?

6.4 子贡曰："出言陈辞，身之得失，国之安危也。"

【译文】子贡说："讲出的话、陈述的言辞，关系到自己得失，关系到国家安危。"

【感悟】慎言是孔子一贯的思想。说出的话，泼出的水，是不能收回的。

6.5 **晋平公出言而不当，师旷举琴而撞之，跌衽宫壁，左右欲涂之，平公曰："舍之！以此为寡人失。"孔子闻之曰："平公非不痛其体也，欲来谏者也。"**

【译文】晋平公讲话不妥，师旷举起琴撞击他，琴掠过平公的衣襟撞到墙上。平公身边的人想修补破墙，平公说："别补了，留着它记着寡人的过失。"孔子听说此事后说："平公并非不爱惜身体，而想要用这种态度来鼓励群臣的进谏。"

【感悟】正直的乐师，遇到大度的晋平公，才成就了一番佳话。说话要因时、因地、因人而异，如果所遇非人，那么不如不说。

6.6 子曰："善为吏者树德，不能为吏者树怨。概者，平量者也；吏者，平法者也。治国者，不可失平也。"

【译文】孔子说："善于为官的人树立恩德，不会为官的人树立怨仇。概，这种器物是用来量平斗斛的；官吏，是用来公平行法的。治理国家的人，不可以失去公正。"

【感悟】概是古时量米粟时刮平容器用的木板。量米粟时，放在斗斛上刮平，不使之过满。它的意义是象征公平。一个缺乏公平的社会，就是一个行将就木的社会。

6.7 子路问："君子尚勇乎？"孔子曰："义之为上。君子好勇而无义则乱，小人好勇而无义则盗。"

【译文】子路问："君子崇尚勇敢吗？"孔子说："君子最崇尚的是义。君子只好勇而不尚义，就会叛逆作乱。小人只好勇而不尚义，就会做强盗。"

【感悟】义的意义：一是正义，即合乎正义或公益的事情；二是适宜，义，宜也，即公正合宜的道理或举动。如果做人做事，既不坚持正义，又不切合时宜，那么结果肯定就会很糟糕。

6.8 孔子侍坐于季孙。季孙之宰通曰："君使人假马，其与之乎？"孔子曰："吾闻君取于臣，谓之取，不曰假。"季孙悟，告宰通曰："自今以往，君有取谓之取，无曰假。"

【译文】孔子侍坐于季孙旁边。季孙的管家过来说："国君派人来借马，给不给？"孔子说："我听说国君向臣子要东西叫做取，不叫借。"季孙恍然大悟，告诉管家说："以后国君派人来要东西叫做取，不要说是借。"

【感悟】什么叫"曲为曲，直为直"？借马就是"曲"，须知"率土之滨，莫非王臣"；取马就是"直"，取即无须奉还。虽然季孙言不由衷，但依然知道自己是臣子的身份。

6.9 子曰："昔桀纣不任其过，其亡也忽焉。成汤文王知任其过，其兴也勃焉。过而改之，是不过也。"

【译文】孔子说："过去，桀纣都不能承担罪过，因此他们在一时间就灭亡了。商汤和周文王知道应承担国家的过错，其兴盛都是在勃然之间。犯了错误而愿改正，就不会再犯错误了。"

【感悟】桀纣之所以会亡国，是因为不知道什么是“曲”，什么是“直”。朝代的兴亡是非常快速的，当统治者明白了是非曲直，勇于改正错误，太平盛世也就不远了。

6.10 子曰：“怀恶而讨，虽死不服。”

【译文】孔子说：“抱着丑恶的目的去讨伐别人，别人即使死了心里也是不服的。”

【感悟】以邪恶之心对付别人，即使侥幸获得成功也是短暂的。

6.11 子贡问大臣，子曰：“齐有鲍叔，郑有子皮。”子贡曰：“否。齐有管仲，郑有东里子产。”孔子曰：“然。吾闻鲍叔之荐管仲也，子皮之荐子产也，未闻管仲子产有所荐也。”子贡曰：“然则荐贤贤于贤。”曰：“知贤，知也；推贤，仁也；引贤，义也。有此三者，又何加焉！”

【译文】子贡问哪种人是国家的栋梁。孔子说：“如齐国的鲍叔，郑国的子皮。”子贡说：“不是吧？是齐国的管仲，郑国的子产吧？”孔子说：“我说的没错！我听说鲍叔举荐过管仲，子皮举荐过子产，没有听过管仲和子产举荐过谁。”子贡问：“那么说，能举荐贤人的人，比贤人更优秀？”孔子说：“知道谁是人才，这是智慧。推举人才，这是仁爱。引荐人才，这是义气。三者都有，不是更优秀是什么？”

【感悟】孔子的眼光很毒，这就是圣人与众不同的地方。我们只看到管仲之贤，却未能看到大力举荐管仲的背后贤者。所以说，透过现象看本质，永远是我们需要学习的。

6.12 子曰：“吐珠于泽，谁能不含。”

【译文】孔子说：“明珠出于水泽，人人都会取来衔在嘴里。”

【感悟】只要能合适地表现出个人的优秀之处，就不用担心不会被重用。

6.13 曾子曰：“行无求数有名，事无求数有成。身言之，后人扬之。身行之，后人秉之。君子终身守此惮惮。”

【译文】曾子说：“行动不要追求立即有名声，做事不要追求立即成功。自身说了话，为后人所称颂；自身做了事，为后人所秉持。君子应该终身诚惶诚恐地恪守这些信念。”

【感悟】美好的品德、优秀的习惯，是需要时间来展示和证明的。作为一个优秀的人，是不应该刚栽下一棵果树，就立刻想摘到果实的。

6.14 子曰：“良药苦于口利于病，忠言逆丁耳利丁行。”

【译文】孔子说：“良药虽然很苦，但对疾病的康复是有利的；忠言虽然刺耳，但对以后的德行操守是有好处的。”

【感悟】这句话出现在西汉刘向的《说苑》中，是否是孔子原创不敢定论，但孔子是有资格、有能力获得这句话的版权的。良药之所以成为良药，是因为它经常是苦的。

6.15 子曰：“君子哉！尹绰，面訾[①]不誉也。”

【译文】孔子说：“尹绰是道德高尚的人，他当面批评赵简子，而不是当面奉承赵简子。”

【感悟】尹绰是晋国高官赵简子的部下，性格直率，敢于当着赵简子的面直言犯谏，被称为良臣。好领导必须有好部下，否则，好领导也会变成坏领导。

6.16 卫蘧[②]伯玉贤而灵公不用，弥子瑕不肖反任之，史鱼骤谏而不从，史鱼病将卒，命其子曰：“吾在卫朝不能进蘧伯玉，退弥子瑕，是吾

---

① 訾［zī］：说人坏话。
② 蘧［qú］：姓；惊喜的样子。

为臣不能正君也，生而不能正君，则死无以成礼，我死，汝置尸牖下，于我毕矣。”其子从之。灵公吊焉，怪而问焉，其子以其父言告公，公愕然失容曰：“是寡人之过也。”于是命之殡于客位，进蘧伯玉而用之，退弥子瑕而远之。孔子闻之曰：“古之列谏之者，死则已矣，未有若史鱼死而尸谏，忠感其君者也，不可谓直乎。”

【译文】蘧伯玉贤能却不被卫灵公重用，弥子瑕不正派反被委以重任。史鱼屡次进谏，卫灵公不采纳。史鱼得病将要去世前，对儿子说：“我在卫做官，却不能举荐蘧伯玉而劝退弥子瑕，是我身为臣子未能扶正君主的过失！生前无法正君，死了无以成礼。我死后，你将我的尸体放在窗下，就算完成丧礼。”儿子遵从了父命。卫灵公前来吊丧时，见此情景感到惊讶并责问，史鱼的儿子报告了父亲的遗命。卫灵公听后很惊愕，说：“这是我的过失啊！”于是命令将史鱼的尸体按礼仪安放妥当，重用了蘧伯玉，辞退了弥子瑕并疏远他。孔子听到此事后说：“古来有许多敢于直谏的人，但死了便也结束，未有像史鱼这样的，死了以后，还用自己的尸体来劝谏君王，用忠正感化了君王的人，不能不称为正直的人啊！”

【感悟】春秋大义，是儒家强调的个人在社会生活中应遵循的道德操守。史鱼是卫国的贤臣，孔子曾评价他：国家有道，他的正直像箭一样不会拐弯；国家混乱，他的正直同样如此。史鱼“尸谏”，在不寻常的创意中，彰显他的公道、正直和无私。

6.17 子曰：“食其禄者必死其事。”

【译文】孔子说：“享受别人的俸禄，一定为别人分忧甚至是献出生命。”

【感悟】享受了人家的高福利，却背后在骂娘，这种人能算是人吗？

6.18 季桓子以粟千钟饩夫子，夫子受之而不辞。既而以颁门人之无者。子贡进曰：“季孙以夫子贫故致粟。夫子受之而以施人，无乃非季孙之意乎?”子曰:“何?”对曰:“季孙以为惠也。”子曰:“然。吾得千钟所以受而不辞者,为季孙之惠,且以为宠也。夫受人财不以成富,与季孙之惠于一人,岂若惠数百人哉?”

【译文】季桓子赠送孔子一千钟粮食,孔子毫不推辞就欣然接受。不久,孔子把这些粮食分给弟子中穷困者。子贡进劝说:“季孙氏因为您贫穷,才送您粮食。您接受了却分给别人,这恐怕不符合季氏的本意吧?”孔子说:“为何这样说呢?”子贡说:“季孙氏是把它作为一种恩惠。”孔子说:“是啊。但我得到这千钟粮食,之所以不推辞,是因为它是季氏对我的恩惠,更是对我的一种恩宠和荣耀。接受别人的财物不能使人变得富有,与其让季孙氏的恩惠施与一个人,哪如让它惠及更多的人呢?”

【感悟】孔子之义,就是提倡做事合适、适宜。以自己的“薄面”承受馈赠,将有用之物转送更加需要的人群,直在其中矣!

6.19　子贡曰:“盟可负邪?”子曰:“要盟也,神不听。”

【译文】子贡说:“盟约可以违背吗?”孔子说:“在要挟下订立的盟约,神是不会认可的。”

【感悟】孔子在蒲地被要挟而订下违心的城下之盟,但他不像迂腐之人那样死守所谓的“道德”,而是实事求是地看待这个问题。既然是被迫的,那为什么还要遵守这个合约呢?

6.20　巫马期曰:“吾尝闻夫子:‘勇士不忘丧其元,志士仁人不忘在沟壑。’”

【译文】巫马期说:“我曾听先生说:‘勇士不能忘记在关键时刻抛弃头颅,志士仁人不能忘记在必要时刻牺牲性命。’”

【感悟】仁人志士,就是能够为正义事业而抛头颅洒热血的人!孟子也说过,如果生存或正义只有一个选项,那么只能是舍生而取义。

6.21 子曰："诗人疾之不能默，丘疾之不能伏。"

【译文】孔子说："诗人痛恨它，不能沉默不语；我痛恨它，不能藏在心中不说。"

【感悟】面对黑暗或者非正义的事情，作为坚守正义的人，就要大声疾呼，投笔从戎，在茫茫的黑暗中，当一盏指示正义方向的明灯。

6.22 君子曷为为《春秋》？拨乱世，反诸正，莫近诸《春秋》。

【译文】孔子为什么修订《春秋》？是因为治理乱世，回归正道，没有比《春秋》更接近的了。

【感悟】作为有正义感的人，要利用一切资源，坚决披露历史真相，让正义的事业在史册中永放光芒，让丑恶的面目在历史长河中永远被后人唾骂。

6.23 子曰："我欲载之空言，不如见之于行事之深切著明也。"

【译文】孔子说："我与其载述空洞的说教，不如举出在位者所作所为以见其是非善恶，这样就更加深切显明了。"

【感悟】这就是在位者害怕的原因。如果每个人都能用自己的方法，记录传承是非善恶，让善行得到最大限度的褒扬，让丑陋得到最大限度的鞭挞，那么就会形成一种对在位者颇具威慑的文化氛围。

6.24 子曰："君子居其室，出其言，善则千里之外应之，况其迩者乎？居其室，出其言，不善则千里之外违之，况其迩者乎？"

【译文】孔子说："君子在他的私室里发表言论，如果是好的，即使在千里之外也有人响应，何况是近在身边的人呢？如发出不善的言论，则千里之外的人也会违背他，何况是近在身边的人呢？"

【感悟】人最怕自己做好事没有人知道，其实不需担心，只要你持续地努力做好事，老天爷都会知道，何况身边的人呢?

6.25 子曰：“非所困而困焉，名必辱。非所据而据焉，身必危。”

【译文】孔子说：“不是自己所应经历的困境，却为了欲望而受困，必招致身败名裂的恶果。不是自己所应后退的据点，却后退以安身，必招致身家危殆的恶果。”

【感悟】不该得而得，不该行而行，这就是不合宜。如果总是喜欢走夜路，哪会不遇见鬼呢?

6.26 子曰：“虽受屈而不毁其节，志达而不犯于义。”

【译文】孔子说：“虽受委屈也不能失去气节，志向实现了也不能有害于义。”

【感悟】人最难做到的，是任劳也能任怨。如果能做到任劳任怨，那么不是君子，就是圣人。

6.27 子张曰：“仁者何乐乎山也?”子曰：“夫山者，恺然高。”“恺然高，则何乐焉?”“山，草木生焉，禽兽畜焉，财用殖焉，生财用而无私为，四方皆伐无私与焉。出云雨，以通乎天地之间，阴阳和合，雨露之泽，万物以成，百姓以飨。此仁者之乐于山也。”

【译文】子张说：“为什么仁者乐山呢?”孔子说：“山，岿然高大。”子张说：“山高，有什么可喜欢的呢?”孔子说：“山，草木茂盛，鸟兽繁衍，财用所出，正直而无私，四方之民都可取用。正直无私，兴吐风云，往来通达于天地之间。阴阳和合，雨露润泽，万物得以生长，百姓都能享受到恩惠，这就是仁者都喜欢山的原因。”

【感悟】圣人之所以效法于山，就是山具有君子的崇高品德，其最核心的就是正直无私。正直无私，是任何人都能从山中各取所需，但山却毫无索取。

6.28 定公问曰：“周书所谓‘庸庸祗祗，威威显民’，何谓也?”孔子对曰：“不失其道，明之于民之谓也。夫能用可用则正治矣，敬可敬则尚贤矣，畏可畏则服刑恤矣。君审此三者以示民，而国不兴，未之有也。”

【译文】鲁定公问：“《尚书·周书》中说：‘用当用之人，敬当敬之人，威当威之人，使人各尽其才’，是什么意思?”孔子回答说：“不失为君之道，明确地告诉民众。用可用之人则国家大治，敬可敬之人则崇尚贤能，畏可畏之人则遵守刑法。国君能审知这些方面来昭示百姓，而国家不兴旺的，还未曾有。”

【感悟】这一条回应了第一条，天下能否得到治理，关键是用人。如果人人具有优秀的史官的品德，凡事公正无私，那么孔子心中的理想国就能实现了。

6.29 言不惭、行不耻者，孔子惮焉!

【译文】言论上不需要羞惭，行为上不需要羞耻，连孔子都会敬畏啊!

【感悟】什么叫心底无私天地宽?那就是做到“言不惭、行不耻”!

6.30 曾子曰：“响不辞声，鉴不辞形，君子正一而万物皆成。夫行非为影也，而影随之；呼非为响也，而响和之。故君子功先成而名随之。”

【译文】曾子说：“音响不会拒绝发出声音，镜子不会拒绝鉴照事物形体。君子端正一个根本而万物都会随之成功。人的行动不是为了留下影子，而影子却始终随着人的行动。呼喊不是单纯为了发出声响，而声响却伴随着人的呼喊。因此，君子先成就功劳，而名声会随之而来。”

【感悟】优秀的史官以手中之笔，书写历史，褒贬乾坤。如果每个人做有益于社会的事情，不是为了在史书上留下“影子”，还担心什么“董狐之笔”呢?

【点睛之笔】

坚守正直，捍卫生命的“脊梁”

电视剧《脊梁》的主题曲中唱道：

有脊梁不塌方：虎有脊梁敢称王，人有脊梁腰杆硬。顶天立地响当当，铁脊梁啊钢脊梁，军人脊梁最坚强，擎雨雪啊擎风霜擎起民族魂。

脊梁也叫脊柱，一般指支撑人体独立的脊椎骨。脊骨严重突出或病变，这个人直立就有问题。

一个人没有脊梁，就会无法直立；一个民族没有脊梁，这个民族就会消亡。一个人如果精神上没有脊梁，就会患上软骨病；一个民族缺乏精神支柱，同样也会走向死亡。

在历史长河中，因为有了很多“董狐笔”，有了这么多的民族脊梁，才使中华民族迈过了一道道的坎，走向一个个的新的辉煌。

从“董狐笔”下激发出来的，是一个人的正直，一个人的正义。没有了正直正义，一个人就如同没有了脊梁，一个民族也就没有了脊梁，没有了脊梁，再好的发展成果也是守不住的。

坚守正直，是捍卫生命的“脊梁”！

为了捍卫生命的“脊梁”，多少人前赴后继，赴汤蹈火，目的是让千千万万正义的“脊梁”，支撑起这个民族走向富强，屹立于世界民族之林。

坚守正直，就要像董狐一样，敢于坚持正义，即使牺牲生命也在所不惜。坚守正直是非常难的，因为他要直面挑战强大的既得利益者。这些人把握生杀大权，把握舆论导向，如果没有舍生取义、杀身成仁的无畏气概，是很难与邪恶势力作斗争的。

坚守正直，就要像屈原一样，敢于追寻真理，即使魂断汨罗也无怨无悔。“路漫漫其修远兮”，求索真理的路途充满艰辛和风险，加之世俗的眼光并非人人是真理的认同者，因此求索上下的过程中，基本上是孤独前行，没有过人的忍耐力是无法做到的。

坚守正直，就要像董宣一样，敢于秉公执法，即使泰山压顶也视若等闲。与“董狐笔”相对应的，是东汉光武帝年间的“强项令”董宣，斩杀了违法乱纪的当朝公主的家奴，即使皇帝命人强按他的脖子向公主认错，他都百折不弯，誓死也不低头！

当然，历史上坚守正直的生动例子有很多，表现的形式也不同，但是他们有一个共同的特点，就是宁可不要生命，也要捍卫生命的“脊梁”。没有生命的“脊梁”，人活着就如同行尸走肉，成为过街老鼠，人人喊打。

时至当下，最难能可贵的就是坚守正直。

坚持你认为是正确的东西，在需要的时候义无反顾，并能公开反对你坚信是错误的东西，不畏强势，敢作敢为，这样才是捍卫了生命的“脊梁”。

第 7 篇　至礼

导读：礼是古代重要的道德规范，并由此产生的一系列制度规范和礼节仪式。对自身说，是将这种规范内化成个人的文化精神，通过文化精神的提升，成为民族的传统文化精神。从个人行为来说，礼就是礼节、礼仪，是人与人交往的基本规范。主要内容选自《礼记》、《孔子家语》等。

7.1　子曰："至礼不让，而天下治；至赏不费，而天下士悦；至乐无声，而天下民和。"

【译文】孔子说："最高的礼节是无须谦让而天下治，最高的奖赏是无须耗财而天下士人都高兴，最美妙的音乐是无声而使百姓和睦。"

【感悟】老子说："大音希声，大象无形。"最伟大的，是最平凡的；最普通的，是最复杂的。因此，建议人人简约办事，这样才能真正体现内涵的富有。

7.2　子曰："礼者何也？即事之治也。君子有其事，必有其治。治国而无礼，譬犹瞽之无相与，伥[1]伥乎其何之？"

【译文】孔子说："礼是什么？就是做事的方法。君子有要做的事，必定

---

① 伥［chāng］：迷茫不知所措的样子。

要有做事的方法。治理国家没有礼，好比瞎子走路而没有助手，迷迷茫茫该往哪里走？"

【感悟】礼是一种崇高的工作规范。为什么说崇高？是因为当你遵守这种规范时，会变得更加有涵养和尊贵，成为高尚的人。对国家来说，用这种规范来治理，这个民族就会成为高贵的民族。

7.3 子曰："礼也者，理也；乐也者，节也。君子无理不动，无节不作。不能诗，于礼缪；不能乐，于礼素；薄于德，于礼虚。"

【译文】孔子说："礼，就是理；乐，就是节。没有道理的事不做，没有节制的事不为。不懂得赋诗言志，礼节就会出差错；不能用音乐配合，礼节就显得单调；如果道德浅薄，礼节就显得虚假。"

【感悟】礼就是理，这个"理"的含义丰富，因此不做翻译。可以理解为一种法则，即个人行为的准则，国家治理的准则。孔子重视诗教、乐教、礼教。他认为，礼和乐是紧密联系的。人之学，应"兴于诗，立于礼，成于乐"，音乐为人格修养的最高境界，因此，以音乐为其学习的最终完结。

7.4 孔子谓子夏曰："礼以修外，乐以修内，丘已矣。"

【译文】孔子对子夏说："礼是用来修养外在行为的，乐是用来修养内在品德的，我这样做了。"

【感悟】孔子以个人的切身体会告诉我们，要用乐来培养内在的品德，用礼来规范外在的行为，这样就能成为君子。

7.5 子曰："君子不失足于人，不失色于人，不失口于人。是故君子貌足畏也，色足惮也，言足信也。"

【译文】孔子说："君子对人对举动没有不得体的地方，对人的表情没有不合适的地方，对人的言语也没有失礼的地方。所以，君子的仪表令人敬畏，神色让人感到威严，言语能够使人信服。”

【感悟】“三不失”是礼的基本外在表现，能做到“不失足、不失色、不失口”，就能远离灾祸，受人尊敬。

7.6 子曰：“志之所至，诗亦至焉；诗之所至，礼亦至焉；礼之所至，乐亦至焉；乐之所至，哀亦至焉。”

【译文】孔子说：“既有爱民之心至于百姓，就会有爱民的诗歌至于百姓；既有爱民的诗歌至于百姓，就会有爱民的礼至于百姓；既有爱民的礼至于百姓，就会有爱民的乐至丁百姓；既有爱民的乐至于百姓，就会有哀民不幸之心至于百姓。”

【感悟】“五至”是一种递进的关系，出发点是要有爱民之心，落脚点依然是爱民之心。这个过程必须要用诗、书、礼、乐，才能将出发点和落脚点有机结合起来。

7.7 子曰：“小人贫斯约，富斯骄，约斯盗，骄斯乱。礼者，因人之情而为之节文，以为民坊者也。故圣人之制富贵也，使民富不足以骄，贫不至于约，贵不慊[①]于上。故乱益亡。”

【译文】孔子说：“小人贫则窘迫，富则骄横；窘迫了就会偷盗，骄横了就会乱来。礼，就是顺应这种情况而为之制定的制约标准，作为防止民众越轨的堤防。所以，圣人制定出一套富贵贫贱的标准，使富起来的百姓不足以骄横，贫下去的百姓不至于穷困，有社会地位的人不至于对上级不满，所以犯上作乱的事就日趋减少。”

【感悟】小人之所以是小人，是因为缺乏素质。素质是什么？素质就是人要得到诗书礼乐的熏陶，才能遵循基本的道德规范。

---

① 慊［qiè］：满意。

7.8 子路曰：“伤哉贫也！生无以为养，死无以为礼也。”

【译文】子路说：“贫穷令人伤心！父母在世时没供养好，去世后又没能力按规矩办丧事。”

【感悟】子路是孝子，早年家中贫穷，常常采野菜做饭食，却从百里之外负米回家侍奉双亲。“二十四孝”中“百里负米”讲的就是子路尽孝的故事。子路为自己未能尽孝道而深深自责。而今的人，有很好的条件，又有多少能像子路一样，真心去孝养父母的呢？

7.9 子曰：“啜菽饮水，尽其欢，斯之谓孝。敛手足形，还葬而无椁，称其财，斯之谓礼。”

【译文】孔子说：“生前尽管是粗茶淡饭，但只要让父母精神愉悦，就是尽孝。死后尽管衣衾仅够掩藏尸体，敛罢即葬，有棺无椁，但只要是尽财尽力办事，就是合乎丧礼。”

【感悟】实际上，孝养父母不是那么难！孔子不是要你没钱去借钱，而是要你做到尽力而为，尽量让父母身心愉悦，这样做就是尽到孝道了。

7.10 子曰：“无体之礼，敬也；无服之丧，哀也；无声之乐，欢也。不言而信，不动而威，不施而仁，志。夫钟之音，怒而击之则武，忧而击之则悲。其志变者，声亦随之。故志诚感之，通于金石，而况人乎！”

【译文】孔子说：“没有仪式的礼节，才是真正的恭敬；没有丧服的丧事，才是真正的悲哀；没有声音的音乐，才是真正的欢乐。不说话就有信用，不行动就有威严，不施予就有仁爱，这是心志使然。钟的声音，发怒时敲击则高亢威武，忧伤时敲击则低沉悲凉。心志改变了，声音也随之改变。所以心志真诚有所触动时，和乐器都能相通，何况是人呢？”

【感悟】孔子不是那种注重表面形式的迂夫子，他看重的是人之内在的精神。如果你做什么事情，都是发自内心最真诚的，老天爷都会保佑你。

7.11　子曰："祭极敬，不继之以乐；朝极辨，不继之以倦。"

【译文】孔子说："祭礼要尽量表达敬意，虽有饮酒之事，但不能以欢乐告终；政事要尽力办好，不可因劳神而草草了事。"

【感悟】祭祀先人，不在乎大猪大羊，而在乎是否恭敬真诚。对待工作也一样，是否恭敬真诚是体现一个人基本素养的试金石。

7.12　曾子曰："狎甚则相简，庄甚则不亲，是故君子之狎足以交欢，其庄足以成礼。"

【译文】曾子说："亲昵过分就相互怠慢，庄重过分就没有亲切感。因此，君子的亲昵到足以快乐交往的程度就行，君子的庄重到足以成礼的程度即可。"

【感悟】礼是待人处世的根本，不要太注重繁文缛节，只要适度就行。

7.13　子曰："善则称人，过则称己，则民不争。善则称人，过则称己，则怨益亡。"

【译文】孔子说："有成绩归功他人，有错误归咎自己，民众就不你争我夺。有成绩归功他人，有错误归咎自己，民怨就会日益减少。"

【感悟】正确对待名利，多一分谦让，就会多一分和谐与尊敬。

7.14　子曰："制度在礼，文为在礼，行之其在人乎！"

【译文】孔子说："各项制度都存在于礼中，制度也靠礼来修饰，实行起来还是得靠人。"

【感悟】礼是各种调整人们社会关系的制度总和，需要靠人来实施。但制度是死的，人是活的。做什么事情，没有人是不行的。

7.15 子曰："名从主人，物从中国。"

【译文】孔子说："器物的名称应以原主的名称命名，同时又要跟从中原国家的传统叫法。"

【感悟】礼作为一种制度规范，外化成一种传统的文化精神，体现在事物的命名上。这句话也成为著名的命名原则，并对翻译工作产生了较大的影响。

7.16 曾晳嗜羊枣，而曾子不忍食羊枣。公孙丑问曰："脍炙与羊枣孰美？"孟子曰："脍炙哉！"公孙丑曰："然则曾子何为食脍炙而不食羊枣？"曰："脍炙所同也，羊枣所独也。讳名不讳姓，姓所同也，名所独也。"

【译文】曾晳喜欢吃羊枣，曾子因此不忍心吃羊枣。公孙丑问孟子说："烤肉和羊枣哪一个味美？"孟子说："当然是烤肉！"公孙丑说："既然如此，曾子为何吃烤肉却不吃羊枣？"孟子说："烤肉是大家喜欢的，羊枣是曾晳独爱吃的。这正如名要避讳而姓不必避讳，姓是大家都用的，而名是某人独用的。"

【感悟】吃烤肉是为了填饱肚子，不吃羊枣是为了孝亲。因此，看问题要从大方面着眼，否则就会经常忘记自己姓什么。

7.17 子贡曰："冕而亲迎，不已重乎？"子曰："合二姓之好，以继万世之后，何谓已重乎？"

【译文】子贡说："戴着礼帽，穿着礼服去迎亲，是不是太隆重了？"孔子说："婚姻是两个家族的美满结合，还要延续到子孙万代，怎能说是太隆重了呢？"

【感悟】婚姻是人的终身大事，古人用最隆重的礼节来主办，让人们知道婚姻来之不易。今人离婚率这么高，是否要学习古人的礼仪呢？

7.18 **孔子既得合葬于防，曰：“吾闻之，古也墓而不坟。今丘也，东西南北人也，不可以弗识也。”于是封之，崇四尺。孔子先反，门人后，雨甚，至，孔子问焉，曰：“尔来何迟也?”曰：“防墓崩。”孔子不应，三。孔子泫然流涕曰：“吾闻之，古不修墓。”**

【译文】孔子终于把父母合葬于防，之后他说：“我听说，古时的墓地上是不积土为坟的。现我是个四处奔波的人，不可不做个标志。”于是就在墓上积土，高四尺。孔子先回家，弟子们还在墓地照料，一阵大雨后，弟子们回到家。孔子问他们：“怎么回来这么迟?”弟子说：“防地的墓因雨而坍塌了。”孔子没作声，弟子们连说了三遍。这时，孔子伤心地流下眼泪，说：“我听说过，古人是不在墓上积土的。”

【感悟】孔子三岁时父亲就去世了，不知道父亲墓地在哪儿。他在母亲去世出殡时，停灵在五父大街，终于获知父亲墓地所在，完成将父母合葬的心愿。至于雨水过大而使坟墓坍塌，倒是没有像孔子说的违背礼仪那么严重，算是一场自然灾害吧。

7.19 子贡曰：“昔者夫子之丧颜渊，若丧子而无服，丧子路亦然。请丧夫子，若丧父而无服。”

【译文】子贡说：“以前夫子哀悼颜渊，不穿丧服，如同丧子，哀悼子路时也一样。我们悼念夫子，就像悼念父亲一样，也不穿丧服。”

【感悟】这反映出孔子与弟子们如父子般的关系，这一点确实让人叹服。

7.20 仲尼之畜狗死，使子贡埋之，曰：“吾闻之也，敝帷不弃，为埋马也；敝盖不弃，为埋狗也。丘也贫，无盖；于其封也，亦予之席，毋使其首陷焉。”

【译文】孔子养的狗死了，让子贡去埋葬，说：“我听说，旧的车帷子不扔掉，是为埋葬马时用。旧的车盖不扔掉，是为埋葬狗时用。我很穷，没有旧的不用的车盖。在培土的时候，也给狗盖上席子，不要让土直接埋狗的头。”

【感悟】尊重生命就是尊重众生，尊重人类，尊重自己。孔子连看家狗死后，都这样恭敬地埋葬它，何况是对人的恭敬了。

7.21 孔子食于季氏，不辞，不食肉而飧。

【译文】孔子在季氏那里吃饭，主人不行推辞之礼，孔子也以非礼相答，尚未食肉就说吃饱了。

【感悟】孔子说：“非礼勿视，非礼勿听，非礼勿言，非礼勿动。”还要加上这一条：“非礼勿食。”当今某些人弄得杯盘狼藉，非礼而食的太多了。

7.22 子张问政，子曰：“师乎，前，吾语女乎！君子明于礼乐，举而错之而已。”子张复问，子曰：“师，尔以为必铺几筵，升降酌献酬酢[①]然后谓之礼乎？尔以为必行缀兆[②]、兴羽钥[③]、作钟鼓然后谓之乐乎？言而履之，礼也；行而乐之，乐也。君子力此二者，以南面而立，夫是以天下太平也。”

【译文】子张问政。孔子说：“师啊，我之前不是教过你吗？那些知礼仪懂音乐的人，只需在从政过程中运用这些礼乐就行。”子张复问，孔子说：“师，你以为只有铺设几筵，升堂下堂，献酒进馔，举杯酬酢，才算是礼吗？你以为只有在行列位置上扭来扭去，挥动舞具乐器，敲钟击鼓，才算是乐吗？其实，说到做到就是礼；做起来又使人快乐，就是乐。君子只要在这两点上下功夫，不需多么费劲，天下就会太平。”

【感悟】什么是礼乐？孔子说：“说到做到就是礼；做起来又使人快乐，就是乐。”真是言简意赅！从政者最忌说到做不到，做到的又让百姓痛苦。

---

① 酬酢［chóu zuò］：宾主互相敬酒。

② 缀兆［zhuì zhào］：古代乐舞中舞者的行列位置。

③ 羽钥：同“羽籥”。古代祭祀或宴飨时舞者所持的舞具和乐器。

7.23 子曰：“射者何以射？何以听？循声而发，发而不失正鹄者，其唯贤者乎？若夫不肖之人，则彼将安能以中？”

【译文】孔子说：“射箭的人怎样使射箭和音乐相配合？又使音乐和射箭相配合？这是难做的事。按照音乐的节拍发射，发射出去而正中靶心的，大概只有贤者才能做到吧！如果是不肖之人，他哪里能谈得上射中呢？”

【感悟】古人射箭，既是一种礼仪形式，也是一种交往之道。它考验一个人的道德修养，只有心无旁骛、心境清净的人，才能依据音乐节拍，射中靶心。

7.24 定公问于孔子曰：“古之帝王，必郊祀其祖以配天，何也？”孔子对曰：“万物本于天，人本乎祖。郊之祭也，大报本反始也，故以配上帝。天垂象，圣人则之，郊所以明天道也。”

【译文】鲁定公问孔子说：“古代帝王在郊外祭祖时一定要祭祀上天，为何呢？”孔子回答说：“万物来源于天，人又来源于祖先。郊祭，就是规模盛大的报答上天和祖先的恩惠并反思自己根源的礼仪，所以祭祖时要配祭上帝。上天显示征兆，圣人取法这些征兆，举行郊祭是为了显明天道。”

【感悟】这段话的核心是：“天垂象，圣人则之。”“则”是效仿。天地万物各自按照其规律运行，人类在社会生活中要很好地利用这些规律。说到底，学习不光是靠书本，而是靠勤奋、善于观察和学习。

7.25 孔子出游少源之野。有妇人中泽而哭，其音甚哀。孔子使弟子问焉，曰：“夫人何哭之哀？”妇人曰：“乡者刈蓍薪而亡吾蓍簪，吾是以哀也。”弟子曰：“刈蓍薪而亡蓍簪，有何悲焉！”妇人曰：“非伤亡簪也，盖不忘故也。”

【译文】孔子到少源之野游览，看到一位妇人在水塘边哭得很伤心。他派弟子前去询问说：“您为何哭得这样伤心呢？”妇人说：“我刚才割草时把簪子遗失了，所以悲哭啊。”弟子说：“割草不小心遗失了不是很值钱的簪子，没必要太悲伤啊。”妇人说：“我并不是为丢失簪子哀伤，而是不能忘记送我蓍簪的故人。”

【感悟】物轻情意重！蓍草制作的簪子不值几文钱，但那份情感却是终身难以忘怀的。

7.26 子曰：“夫易之生人、禽兽、万物、昆虫，各有以生。”

【译文】孔子说：“阴阳相合产生人类、禽兽、万物和昆虫，因类不同，各有其生成方式。”

【感悟】芸芸众生，各有各的生活方式，存在就是合理。人类要想很好地生活在这个环境中，就要寻找最适合发展的和谐共生方式。

7.27 子曰：“归乎！君子隐而显，不矜而庄，不厉而威，不言而信。”

【译文】孔子说：“回去吧！君子虽隐居林泉，但声名显著。不必故作矜持而自然端庄，不必故作严厉而自然威严，不说什么而人民自然相信。”

【感悟】一个人，如果能做到了“至礼不让、至赏不费、至乐无声”，就会“不矜而庄，不厉而威，不言而信”，那么无论居住在哪里，都会像芝兰一样芬芳，并感染到周边的人和事。

【点睛之笔】

知礼守礼，重树民族的自信

有一次，孔子去卫国，学生冉有驾着车。刚进卫国时，孔子看到人来人往，感慨地说：“这里人丁兴旺啊！”

冉有请教老师："人口多了，那该怎么办？"孔子说："要让大家富裕起来。"冉有又问："富裕后又该怎么办？"孔子说："要办好教育，教化他们。"

冉有明白了。他没有替我们再问：办教育，行教化，又该怎么办？因为孔子言传身教了。孔子是办教育的典型。在春秋之前，教育被公权高度垄断，只有贵族子弟才有接受教育的权利。孔子作为办"私学"的鼻祖，如同当今教师走穴，是应被禁止的。好在那时社会混乱，道德沦丧，当政者自顾不暇，也不管孔子去办私学，反正不造反就行。

再者，孔子办学传授"六艺"，即礼、乐、射、御、书、数。有的说是六经，即《易》、《书》、《诗》、《礼》、《乐》、《春秋》。在六艺中，"礼"的教育是放在第一位的。

礼是什么？内涵很丰富。首先是个人的自我修养，自我养成的思想品德。在此基础上，社会抽丝剥茧，约定俗成，总结提升后，成为社会生活中大家应共同遵守的社会道德。

社会道德建立起来后，逐步形成各种制度规范，以及为了表现这些规范的外在仪式，即礼仪礼节的具体形式等。因此，有人将"礼"总结为"在中国古代是社会的典章制度和道德规范"。我认为有不妥之处，就是将典章制度和道德规范割裂开来。其实，两者是两位一体、一体两面、不可明确区分的。

那么，礼的核心是什么？就是提高个人的自我修养，并由此内化成为自身的文化精神。只有这种精神的存在，才会形成全社会的公共文化道德，才能成为强大的制度活力，才能为社会所认可并推动人与人之间关系的和谐与进步。

"仓廪实而知礼节，衣食足而知荣辱。"仓廪实不一定会知礼节，衣食足也不一定会知荣辱！关键在于当政者之教。这就是孔子说的"教之"。

如何"教之"？除了加大对教育事业的投入外，更重要的是要培育民族的精神。这种精神不是一句话或一道命令就可做到的，而是要经过几代人的奋斗。

我们要奋斗的，就是要从小教起，从小培养社会的正确道德观。从小“教之”，古人说，三岁定八十，即从小养成的重要性。

而今，幼儿、小学阶段道德教育的缺失，既有社会急功近利的因素影响，难道跟社会的诚信缺失没有关系吗？

这个社会，谁也不要当裁判，谁也不要指责别人！让我们从自我做起，从小做起吧！

第 8 篇　读易

导读：学易，一是学习它的义理，通过学习《易经》相关经文所演绎的道理，作为人生行动的有益参考；二是象数，通过研究卦象、爻象之间的变化关系，预测过去未来的发展和变化。总之，易学的核心是“变化”，读易的目的就是要通变。主要内容选自《易经》、《潜夫论》、《七纬》等。

8.1 孔子读易，至于损益，喟然而叹。子夏避席问曰：“夫子何叹焉?”子曰：“夫自损者必有益之，自益者必有决之，吾是以叹也。”

【译文】孔子读《易》，读到“损”“益”二卦时，长长地叹了口气。子夏离开席位问道：“您为何叹气?”孔子说：“自行谦逊的人必定得益，骄傲自满的人定遭损失，我因此而感叹。”

【感悟】孔子之“读”，是用心研读，读出了真理！就是做事情没有太圆满的，月圆了必缺，花开了就会有花落，太美好的就容易被摧残。

8.2 子曰：“易者，易也，变易也，不易也。管三成为道德苞籥。”

【译文】孔子说：“《易经》的‘易’字，有三个义项：交易、变易和不变。统括三者即可获得事物发展的规律，它是解开天地之道的关键。”

【感悟】孔子三解：一为简易，即大千世界很多道理是人类无法穷尽的，当你懂了就很简单；二为变易，事物都处于变化中；三为不易，能变的事物其背后都有一个不变的，这是事物的本体，你悟透了，就成为圣人、佛祖或神仙。

8.3 子曰：“方上古之时，人民无别，群物无殊，未有衣食器用之利。于是伏羲乃仰观象于天，俯观法于地，中观万物之宜，始作八卦，以通神明之德，以类万物之情。”

【译文】孔子说：“在上古时，人们没有什么区别，万物的状况也没有多少不同，更没有使用衣服、粮食、器物的生活习惯。于是伏羲仰望天空观察天象，俯身观地以察地法，天地之间再考察万物的适宜环境，这才开始创造八卦，以此来沟通神明之德，以此归类万物的生长状况。”

【感悟】相对于几千年后的人来说，我们也是上古人。也就是说，今人与古人没有差别，都是想采用各种办法，来探索生命的本源并掌握自然的变化规律，因此易学应运而生。

8.4 子曰：“圣人立象以尽意，设卦以尽情伪，系辞焉以尽其言，变而通之以尽利，鼓之舞之以尽神。”

【译文】孔子说：“圣人制定象数的规范，来充分阐释未能完全表达的心意，设置六十四卦来穷尽万事万物的情态，再附加上解说的文辞，充分阐释未能表达的言语，又变而通之，以尽其利，鼓励之，激扬之，以尽神奇奥妙的能事。”

【感悟】这里讲了两个意思：一是易的基本表现，即立象设卦，通过效仿天道，设立了卦象，有八个基本卦叫经卦，由八个经卦进行组合为六十四卦，每一卦都有解说的文字。二是易的使用，通过一定的方法，运用经卦来研究分析一些问题。

8.5 子曰：“夫易，彰往而察来，而微显阐幽，开而当名辨物，正言断辞，则备矣。”

【译文】孔子说：“《易经》既揭示历史而又考察未来，既显现细微而又阐明幽隐。推广开来，《易经》还确定名目，分辨事物，陈述事理，判断凶吉，是十分完备的。”

【感悟】易的作用很多，它包罗万象，你能从中学习到各种知识。可以说，你想要什么，易经就能给你什么。

8.6 子曰：“夫《易》何为者也？夫《易》开物成务，冒天下之道，如斯而已者也。”

【译文】孔子说：“《易经》有什么作用？它揭示事物的真相，确定行事的方法，包括天下一切道理，如此而已的一门学问呀。”

【感悟】易学很深奥，以至于孔子都要花毕生精力来研究。但是确实有内涵，你若弄懂了一点，收获就会很多。

8.7 子曰：“《易》其至矣乎！”

【译文】孔子说：“《易经》的道理，达到极限了吧！”

【感悟】我研究了几年《易经》，还是没有入门，但也感知到其博大精深。

8.8 子曰：“易先同人，后大有，承之以谦，不亦可乎？”

【译文】孔子说：“《易经》中，先是同人卦，后是大有卦，紧接着是谦卦，这个顺序不是很说明问题吗？”

【感悟】易卦的编排次序，反映了人生的哲理。先是“同人卦”，告诫要善于团结人；接着是“大有卦”，团结出战斗力，才收获多多；接着是“谦卦”，名利有了，要保持谦虚，才能继续“同人”，再创造新的“大有”。

8.9 子路问孔子曰："猪肩羊膊可以得兆，雚苇[①]藁芼[②]可以得数，何必以蓍龟[③]？"子曰："不然，盖取其名也。夫蓍之为言，耆也；龟之为言，旧也。明狐疑之事，当问耆旧也。"

【译文】子路问孔子说："猪羊的肩胛骨灼后同样可得到兆，用雚苇藁芼这些草同样可以得到数，为何一定要用蓍草和龟甲呢？"孔子说："不是这样，大概只是取蓍和龟这两个名字的含义吧。称之为蓍，是指生存时间长；称之为龟，是指年代久远。要辨明疑惑不定的事情，应该请教年岁大、有经历的人。"

【感悟】蓍即蓍草，龟是龟甲。古人拿这些东西来占卜，合称"蓍龟"。预测源于人类对未来预期的焦虑，因此采用五花八门的方法。

8.10 子曰："蓍之德圆而神，卦之德方以智。"

【译文】孔子说："蓍草的品性是圆通的先天智慧，卦象的品性是方正的后天智慧。"

【感悟】这是形象的说法。蓍草的中心是圆的、空的，所以说它的品德是圆而神的。卦象外形方正，因此被比喻为后天智慧。

8.11 孔子卜，得贲。子曰："不吉。"子贡曰："夫贲亦好矣，何谓不吉乎？"子曰："夫白而白，黑而黑，夫贲又何好乎？"

【译文】孔子占卜，得到贲卦。孔子说："不吉利。"子贡说："贲卦很好，为何说不吉利呢？"孔子说："白就应该是白，黑就应该是黑，贲卦斑驳不纯，好在哪里呢？"

【感悟】贲卦是下离上艮，"山下有火"之义。卦辞是通达，有所往则有

---

① 雚苇［guàn wěi］：泛指芦苇。
② 藁芼［gǎo máo］：藁和芼都是草本植物。
③ 蓍龟［shī guī］：蓍草和龟甲皆为古时占卜所用器材。

小利。子贡认为卦辞不错，但孔子认为该卦不吉，这是认识上的不同。其实，每个卦都可根据不同情况来分析，这样得出的结论也不尽相同，这也是易卦的玄妙之处。

8.12 **公曰："君子何贵乎天道也？"子曰："贵其不已也。如日月东西相从而不已也，是天道也；不闭而能久，是天道也；无为而物成，是天道也；已成而明之，是天道也。"**

【译文】鲁哀公问："君子为何尊重天道呢？"孔子说："因为它不停地运行，就像日月每天东升西落一样，这就是大道；运行无阻而能长久，这是天道；不见有所作为而万物成长，这是天道；成就自己而功业得到显扬，这也是天道。"

【感悟】孔子的"天道论"与老子的思想比较接近。天道运行不息，指人要自强不息。事物的发展，必遵循其发展规律。无为而无不为，"功成而弗居"，更是处世的真谛。

8.13 **鲁哀公问于孔子曰："人之命与性何谓也？"孔子对曰："分于道谓之命，形于一谓之性。化于阴阳，象形而发谓之生，化穷数尽谓之死。故命者，性之始也；死者，生之终也。有始则必有终矣。"**

【译文】鲁哀公问孔子说："人的命和性是怎么回事呢？"孔子回答说："根据天地自然之道而化生出来的就是命，人禀受阴阳之气而形成不同的个性就是性。由阴阳变化而来，有一定形体发出来，叫做生；阴阳变化穷尽之后，叫做死。所以说，命是性的开始，死是生的终结。有始则必有终。"

【感悟】死生问题是一切哲学的终极思辨问题。孔子说出了性与命、生与死两对有趣的辩证关系，虽然他在几千年前的观点不一定准确，但是也不失为一番高论。

8.14 子曰："吾以观之曰，仁者见为仁几之文，智者见为智几之问，圣者见为通神之文。仁者见之为之仁，智者见之为之智。随仁智也。"

【译文】孔子说："我以《易经》的道理观察世界，可以说，仁者看到了显示仁兆的文章，智者看到了显示智兆的问题，圣者看到了沟通神异的字句。仁者看到这些可实施仁义，智者看到这些可实施智教，一切都随顺着仁爱和智慧这两种品德。"

【感悟】看待事物，由于立场、观点以及占有材料和思维的不同，得出来的结论也各异，甚至是相反的。这就是所谓的"仁者见仁、智者见智"。

8.15 子曰："作《易》者其知盗乎？《易》曰'负且乘，致寇至。'"

【译文】孔子说："作《易经》的人，大概知道盗之所起吧？《易经》说：'背负着东西，又且乘在车上，势必招致盗寇的来临。'"

【感悟】招摇过市的人，必定会惹来灾祸。

8.16 子曰："贵而无位，高而无民，贤人在下位而无辅，是以动而有悔也。"

【译文】孔子说："尊贵而失去凭借，崇高而失去民众，虽有贤人但压抑在下层，得不到他们的辅助，所以行动起来必然招致悔恨。"

【感悟】如何保持鱼水之情？就是要保持良好的互信关系。孔子说："自古皆有死，民无信不立。"如果人失去信用，就会四处碰壁；国家失去信用，就会自取灭亡。

8.17 子曰："君子安其身而后动，易其心而后语，定其交而后求。君子修此三者，故全也。危以动，则民不与也。惧以语，则民不应也。无交而求，则民不与也。莫之与，则伤之者至矣。《易》曰：'莫益之，或击之，立心勿恒，凶。'"

【译文】孔子说：“君子必先稳固自身而后才有所行动，必须先镇静情绪而后才有所议论，必须先巩固交情而后才向人求助。君子注重这三方面的修养，才能得到安全。自身危险却贸然行动，人们就不会参与。自身恐惧却安抚别人，人们就不会信任。没有交情却求助于人，人们就不会给予帮助。《易经》说：‘没有人帮助，甚至有人攻击，而自身立志不坚定，那就危险了。’”

【感悟】做什么事情，都要扎牢基础。基础不牢，地动山摇。每个人如此，国家也如此。

8.18 **子曰：“乾坤，其易之门邪？乾，阳物也。坤，阴物也。阴阳合德，而刚柔有体，以体天地之撰，以通神明之德。其称名也，杂而不越。于稽其类，其衰世之意邪？”**

【译文】孔子说：“明晓‘乾’‘坤’两卦的意蕴，是通会《易经》的基础。乾代表阳性的事物，坤代表阴性的事物。阴阳之德是相配合的，阴柔阳刚各有其特性。《易经》根据这一基本分类去分别天地生成的一切事物，根据这一基本分析去了解自然造化的内涵，并用各种卦象象征性地表现出来，虽复杂却不紊乱。考察卦辞爻辞所引举的事类，大都是衰世的事情吧？”

【感悟】这叫提纲挈领，抓住主要矛盾。学习易经，就要弄明乾坤两卦的意义。乾为阳，坤为阴，阴阳变化，产生了新的卦象。所以乾卦的象辞说：“天行健，君子以自强不息。”

8.19 **子曰：“苟错诸地而可矣，藉之用茅，何咎之有？慎之至也。”**

【译文】孔子说：“只要慎重，即使祭品放在地上也可以，用承垫之以白茅，又何有灾咎呢？是谨慎到极点了。”

【感悟】心意重于一切。至诚的心意胜过一切，莫做那些虚情假意的事情，否则，就算黄金铺地，也是不尊贵的。

8.20 子曰："鱼相造乎水，人相造乎道。相造乎水者，穿池而养给；相造乎道者，无事而生定。故曰，鱼相忘乎江湖，人相忘乎道术。"

【译文】孔子说："鱼争相投水，人争相求道。争相投水的鱼，掘地成池便给养充裕；争相求道的人，漠然无所作为便心性平适。所以说，鱼相忘于江湖里，人相忘于道术中。"

【感悟】人的发展，要懂得把握时机。时机就是在合适的时间、地点以及各种适合的要素聚集的前提下，做出最为合适的行为。

8.21 子曰："知变化之道者，其知神之所为乎。《易》有圣人之道四焉：以言者尚其辞，以动者尚其变，以制器者尚其象，以卜筮者尚其占。"

【译文】孔子说："了解变化规律的人，就了解神灵的所作所为。《易经》具备圣人的四种原则：以它来谈论的人则崇尚《易》辞，用它来指导行动的人则崇尚《易》之变化，用它来制造器具的人则崇尚《易》象，用它来筮卦的人则崇尚《易》占。"

【感悟】易学的要旨，就是警示人要通晓变化。事物是向前发展的，在发展中是变化的，而变化又是有规律可循的。通晓变化，把握规律，与时偕行，不亦圣人乎？

8.22 孔子出，使子路赍雨具，有顷，天果大雨，子路问其故。子曰："昨暮月离于毕。"后日，月复离毕。孔子出，子路请赍雨具，孔子不听，出果无雨，子路问其故。子曰："昔日月离其阴，故雨；昨暮月离其阳，故不雨。"

【译文】孔子出行，让子路带着雨具，一会儿，天果然下起大雨。子路问其中缘故，孔子说："昨晚月亮经过毕宿。"过几天，月亮又经过毕宿，孔子又要出行，子路请求带雨具，孔子说不用，外出果然没雨。子路问缘故，孔子说："前几天，月亮经过毕宿的北边，因此下了雨；昨晚，月亮经过毕宿的南边，因此没下雨。”

【感悟】实际上，易学不像想象中的那么“玄”。它是人通过学习易理，明晓阴阳变化的相互关系，并附之以天文地理的知识，从而客观判断出自然的变化，因此也是可行可信的。

8.23 **仲尼，鲁人。生不知《易》本，偶筮其命，得《旅》，请益于商瞿氏。曰：“子有圣智而无位。”孔子泣而曰：“天也命也！凤鸟不来，河无图至。呜呼！天命之也。”**

【译文】孔子是鲁国人。原本不知《易经》妙理，偶然占卜自己的运命，得“旅”卦，并向商瞿氏请教。商瞿氏说：“您有圣人之智慧，却没有王者之命运。”孔子流泪说：“这就是天意！凤鸟不来这乱世，河图也不能送到这时代。唉！这就是天命。”

【感悟】孔子喜欢《易经》，说“居则观其象而玩其辞，动则观其变而玩其占”，也就是说，学习其义理是第一位的。当然，也可以玩一玩预测的玩意，这说明孔子在百无聊赖之际，是经常占一卦的。旅卦是下艮上离，与“贲卦”相反，叫“火山旅”，意味着奔波劳碌的人生啊！

8.24 **代羲作八卦，文王演为六十四，孔子作《彖》、《象》、《系辞》。**

【译文】伏羲作八卦，周文王推演成六十四卦，孔子作《彖辞》、《象辞》和《系辞》。

【感悟】这些基本都是传说，姑且信之吧！

8.25 **子曰：“危者，安其位者也。亡者，保其存者也。乱者，有其治者也。是故君子安而不忘危，存而不忘亡，治而不忘乱，是以身安而国家可保也。《易》曰：‘其亡其亡，系于苞桑。’”**

【译文】孔子说：“处于危险的人，是因为先前安逸于他的职位上。灭亡的家国，是因为先前自以为国家可以长存。社会发生动乱的，在过去却是社会安定的。所以君子必须居安思危，在安定的时候不忘危险，治理的时候不忘祸乱，以如此的谨慎之心，确保自身安全，国家安定。《易经》说：‘快要灭亡了，快要灭亡了！国家的命运如同系在嫩弱的苞草桑枝上一样危险。’”

【感悟】易经的道理，运用了大量的辩证法思想，居安必思危，物极则必反。因此，说易经是辩证法的集大成者并不为过。

8.26 子曰：“德薄而位尊，知小而谋大，力少而任重，鲜不及矣。《易》曰：‘鼎折足，覆公𫗧[①]，其形渥[②]，凶。’言不胜其任也。”

【译文】孔子说：“德行鄙薄而地位尊贵，智慧浅陋却谋划大事，力量微小却肩负重任，很少不遭遇灾难。《易经》说：‘鼎的脚折断了，倾覆了王公的菜肴，惩罚是惨重的，这是凶险的象征。’讲的就是力不胜任。”

【感悟】本篇以此为结论，也是体现辩证的思想，以及要通晓变化的行为观。处于尊位的人，要经常警醒：自己的才德是否胜任？处于下位的人，自己难道没有可以努力的空间，以期改变自己所处的位置吗？

【点睛之笔】

通晓变化，打造绚丽人生

孔子非常崇拜《易经》，说他崇拜是有理由的。

孔子说过：“五十而学易，可以无大过矣。”不是说五十岁才可学易，而是说学易是一辈子的事。他学易到了废寝忘食的地步，才有了“韦编三绝”的佳话。那时书籍都是竹片用绳子穿起来的，他的书看到烂了，以至

① 𫗧［sù］：古代指鼎中的食物，后泛指美味佳肴。
② 形渥：形通“刑”，指刑罚；渥，即厚或重。

于绳子断了续、续了断。

既然孔子那么看重易学，那么易学有什么好处呢？我认为，读易的最大好处是通变，即通晓变化。

《易经·系辞下》中有："《易》穷则变，变则通，通则久。"这句话说出了易学通变思想的真谛。事物到了极限而无法继续上升的时候，就需要考虑变通，只有做到有效的变通，才能得以长久。

唐代书法家颜真卿书法造诣很高，但是他没有满足，始终认为自己还没有达到尽善尽美，于是非常郁闷，闭门思索。有一天下大雨，雨水从茅屋顶渗透下来，当雨水从斑驳的土墙一泻而下时，那股气势不同凡响，就像一支毛笔从空而降，潇洒一挥，那一笔古朴有力，自然天成。颜真卿大呼"得到了"，立即研墨效仿，成为自己书法绝学，后人称此为"屋漏痕"。

这就是通变的好例子。通变，要通晓变化的道理，懂得变通，不拘常规，适时而变。

《易经·系辞上》说，"极数知来之谓占，通变之谓事"，即穷尽数理来预测未来的，是占卜；能够通晓变化而采取有效行动的，叫做事。

归纳通变的思想，无非有两点：其一，事物的矛盾运动发展到一定程度或阶段，就要发生变化；其二，必须顺应时代潮流，与时代同步发展，这叫"与时偕行"。

如何做到通变，首先是要辩证地看问题，有好必有坏。尤其是在遇到极大困难时，你要想想，最困难的我经历过了，接下来肯定是好的了。所以说，成功的人，只是比别人多坚持走一步而已。多走了这一步，就是一个柳暗花明的世界。

其次，事物是发展的、变化的，即新生事物是不可战胜的。只要你的事情是对的，是站在正义上的，站在时代前头的，就不要怕受挫折。

再次，预测是以现有条件为基础的。就是说，你种什么瓜，就得什么瓜。《易经》中说，"积善之家必有余庆，积不善之家必有余殃"。善恶的报应在于累计，到了那个度就会引爆。

最后，还是要谦下。纵观易经六十四卦，几乎没有一个卦象全是好的，如果有则只有一个，就是“谦卦”，谦卦无论是卦辞、象辞、爻辞等，都没有什么大的问题。这说明，古人是非常重视谦逊的。

谦虚，是每个人顺利前进的垫脚石！

第9篇　惟学

导读：本篇取名“惟学”，寓意是只有学习，才能完善自我、超越自我。孔子是如何学习的？本篇中列举了例子，可从侧面看到圣人是如何炼成的。只有学习，才是成功的唯一途径，也是成就自我的唯一途径。主要内容选自《尚书大传》、《新序》、《子思子》、《说文》等。

9.1　子曰：“可与言终日而不倦者，其惟学乎！”

【译文】孔子说：“可以和人整日讨论却不会感到疲倦，只有学问了！”

【感悟】这个问题很尖锐，也很中肯。即使是麻友聊天，吐出来的也是“麻文化”，否则就无话可说了。

9.2　子曰：“君子不可以不学，见人不可以不饰。不饰无貌，无貌不敬，不敬无礼，无礼不立。”

【译文】孔子说：“君子不可以不学习，见人之前不可以不修饰。不修饰是没礼貌，没礼貌是不尊重人，不尊重人是没教养，没教养则不能立身处世。”

【感悟】内外兼修很重要，不断学习是修内，注重仪表是修外。与人相见时，适当的打扮是对别人的尊重。在社交频繁的社会里，修饰外表和修饰内心同样对事业的成功起着关键作用。

9.3　子曰：“君子有三思而不可不思也：少而不学，长无能也；老而不教，死无思也；有而不施，穷无与也。”

【译文】孔子说：“君子有三思是不得不考虑的：少时不学，长大了就没才能；老年时不能教育人，死后就没人思念；富足时不施舍，贫穷了就没人帮助。”

【感悟】“君子三思”和“三思而行”同等重要，其核心都是君子要做对的事情。什么事情是对的？在人生的每个时间段里，必须做该做好的事情。

9.4 鲁哀公问子夏曰：“必学而后可以安国保民乎？”子夏曰：“不学而能安国保民者，未尝闻也。”

【译文】鲁哀公问子夏说：“难道只有造就学问后，才可以保国安民吗？”子夏说：“不学习而能保国安民的，我还没有听过。”

【感悟】关于这个问题有很多例子。五代十国时，那些轮庄的皇帝们像走马灯一样，他们之所以很快倒台，跟不学王道有很大关系。

9.5 子思问于仲尼曰：“物有形类，事有真伪，必审之。奚由？”子曰：“由乎心。心之精神是谓圣，推数究理，不以物疑。周其所察，圣人难诸。”

【译文】子思问孔子说：“物有形类，事有真伪，一定要认真审察。怎样做呢？”孔子说：“用心。心的精神是圣明的，用心去推算物数，穷究事理，不被外物所困惑。周到的审察，恐怕圣人也难以做到吧。”

【感悟】事物很复杂，尤其是在我们这个浮躁的时代，各种真伪防不胜防，如何透过现象看到本质？就是要靠这颗真心。真心是真实无妄之心，安静祥和之心，这才是圣明的。

9.6 子曰：“吾尝终日思矣，不如须臾之所学也。”

【译文】孔子说：“我曾经整天地思考，但比不上片刻实践的效果。”

【感悟】只为学习而学习，那是读死书，变成书呆子。学以致用，才是学习之道。

9.7 子曰：“**不学而好思，虽知不广矣；学而慢其身，虽学不尊矣。不以诚立，虽立不久矣；诚未著而好言，虽言不信矣。美材也，而不闻君子之道，隐小物以害大物者，灾必及身矣。**”

【译文】孔子说：“不学习却专注思考，即使聪明，知识也无法广博；学习却不重视自身修养，即使有知识，也不会有高尚品格。不以真诚立身处世，不会长久。不诚信却喜欢许诺，是不会取信于人的。具备优秀的才能，却不懂君子之道，贪图小利而害大义，灾难必将祸及自身。”

【感悟】思维需要材料，材料来自生活。立身处世，当以学习为本，以真诚为原则，以正义为信念，这样就不会贪图小利而坏大事也。

9.8 子曰：“**博学之，审问之，慎思之，明辨之，笃行之。**”

【译文】孔子说：“博采众长地学习，刨根问底做学问，辩证思维想问题，明辨是非与得失，脚踏实地地实行。”

【感悟】这里借用广西区委党校的石刻内容：为学之道，依次有五：首要博学，兼收并蓄，博采众长；次为审问，刨根问底，吃透精神，认清实质；三为慎思，辩证思考，探求真谛，把握规律；四为明辨，识别是非，分清黑白，判定真伪；五为笃行，践履所学，锲而不舍，成就卓越。

9.9 曾子曰：“**君子攻其恶，求其过，强其所不能，去私欲，从事于义，可谓学矣。**”

【译文】曾子说：“君子去除不好方面，查找自身过失，强化不具备的才能，去掉欲望，做合适的事情，可称得上好学了。”

【感悟】学习是每天使知识增长，增加正能量。每天多反省，减少自身的不足，这也是增加正能量。

9.10 子曰：“一贯三为王。”“推十合一为士。”

【译文】孔子说：“能同时参悟、贯通天、地、人三道之人，就是王。”“能把繁杂的现象归结为简单的规律的人就是士。”

【感悟】古人创造文字，非常有意义。在每个字中，深藏着民族的优秀文化，真是好！一个“王”字，让我们知道了“天、地、人”三才之道。一个“士”字，让我们学习到掌握知识的科学方法。

9.11 子曰：“书不尽言，言不尽意。”

【译文】孔子说：“文字表达不尽心里的话，言语也表达不尽心中的意念。”

【感悟】文字只能表达简单的意思，无法表达真挚的情感。同样的文字，各人理解各有不同，因此才有了现在的“语意学”。

9.12 **曾子之妻之市，其子随之而泣。其母曰：“女还，顾反为女杀彘[1]。”妻适市来，曾子欲捕彘杀之。妻止之曰：“特与婴儿戏耳。”曾子曰：“婴儿非与戏也。婴儿非有知也，待父母而学者也，听父母之教。今子欺之，是教子欺也。母欺子，子而不信其母，非所以成教也。”遂烹彘也。**

【译文】曾子的妻子要到集市，儿子跟在后面哭。其母说：“你回去，等我回家后为你杀一头猪。”妻子从集市回来，看到曾子将要杀猪。妻子制止他说：“刚才不过是与孩子开玩笑。”曾子说：“对孩子是不能开玩笑的。他不懂事，要靠父母而逐步学习，并听从父母教诲。如今你欺骗他，是教他学欺骗。

① 彘［zhì］：豕也，即猪。

母亲欺骗孩子，子女就不会相信母亲，这不是教育的方法。”于是烹杀了那头猪。

【感悟】教育的方法很重要。今天你教导孩子什么，明天他就会回答什么，回馈什么。今天你骗了他，明天他不仅会骗你，还会骗更多的人。

9.13 **子曰：“口欲味，心欲佚，教之以仁；心欲兵，身恶劳，教之以恭；好辩论而畏惧，教之以勇；目好色，耳好声，教之以义。”**

【译文】孔子说：“口想吃美味，心想图安逸的人，要用仁爱来教育；心好战，身厌劳的人，要用谦恭来教育；喜欢辩论却胆小怕事的人，要用勇敢来教育；贪恋美色，爱好淫乐的人，要用道义来教育。”

【感悟】教育要采用什么方法呢？要因人而异，因事而异。孔子教导学生，就是根据学生不同的禀赋，因时、因地地实施启发式教育，因而效果就不一样。

9.14 **子曰：“六艺于治一也。礼以节人，乐以发和，书以道事，诗以达意，易以神化，春秋以义。”**

【译文】孔子说：“六经对于治理国家来讲，作用是相同的。《礼》是用来规范人的生活方式的，《乐》是用来促进人们和谐的，《书》是用来记述往古事迹和典章制度的，《诗》是用来抒情达意的，《易》是用来窥探天地万物的神奇变化的，《春秋》是用来通晓微言大义的。”

【感悟】这是孔子的文化课内容，“礼”是第一位的，人若不懂礼仪礼节，连基本礼貌都不懂，即使钱再多，也只是一个庸俗的小人。

9.15 **子张问圣人之所以教。子曰：“师乎，吾语汝，圣人明于礼乐，举而措之而已。”**

【译文】子张问圣人是怎样进行教化的。孔子说：“师啊，我告诉你，圣人精通礼乐，只不过把它们施行而已。”

【感悟】孔子的家门有“诗礼传家”之说，礼使人内修涵养、外修仪表，加上乐的熏陶，这样就有了文化的韵味。有了文化的武装，即使是乞丐，也不可小看他。

9.16 **曾子曰：“君子爱日以学，及时以行，难者弗辟，易者弗从，唯义所在，日旦就业，夕而自省思，以殁其身，亦可谓守业矣。”**

【译文】曾子说：“君子爱惜时光以便学习，抓紧时机将所学付诸行动，困难的事不逃避，容易的事不随从，只看义在哪里，每天晨起攻治学业，晚上反省思考，一直坚持到死的那一天，这可说是守住学业了。”

【感悟】时间如流水，转瞬人变老。学习虽然没有年龄的限制，但是毕竟从小开始效果会更好。学习是终生的事业，一生如果专注于一点，你将成为这方面的名家。

9.17 **孔子学鼓琴师襄子，十日不进。师襄子曰：“可以益矣。”子曰：“丘已习其曲矣，未得其数也。”有间，曰：“已习其数，可以益矣。”子曰：“丘未得其志也。”有间，曰：“已习其志，可以益矣。”子曰：“丘未得其为人也。”有间，有所穆然深思焉，有所怡然高望而远志焉。曰：“丘得其为人，黯然而黑，几然而长，眼如望羊，如王四国，非文王其谁能为此也！”师襄子辟席再拜，曰：“师盖云《文王操》也。”**

【译文】孔子向师襄子学弹琴，十天也没学新曲子。师襄子说：“可以学新曲了。”孔子说：“我熟习乐曲，但没熟练地掌握弹琴技法。”过了些日子，师襄子说：“你已熟习弹琴的技法，可学新曲子了。”孔子说：“我还没领会乐曲的意蕴。”又过些日子，师襄子说：“可学新曲了。”孔子说：“我还没体会出作曲者是怎样一个人。”又过些日子，孔子神情庄重，思考着什么，接着又心旷神怡，显出志向远大的样子。他说：“我悟出作曲者了，他肤色黝黑，身材高大，目光深邃，好像是统治四方的王者，不是周文王又有谁呢！”师襄子离开坐席给孔子拜了两拜，说：“我老师说过，这是《文王操》啊。”

【感悟】孔子钻研的精神值得学习。其实，读书并非读得多学问就多，关键在于读深、读透、读懂。读烂一本书，胜读十本书。

9.18 孔子谓南宫敬叔曰：“吾闻老聃博古知今，通礼乐之原，明道德之归，则吾师也，今将往矣。”

【译文】孔子对南宫敬叔说：“我听说老子博古通今，通晓礼乐的起源，明白道德的归属，他就是我的老师，我要向他求学。”

【感悟】孔子说“三人行必有我师”，并一生践行这个诺言。“子入太庙，每事问”，进入国君的祖庙，不懂就问，难怪别人低声讥笑他不知礼，而孔子说这就是礼。如果能时时学习，拜身边的人为师，你不想成为名家都难。

9.19 孔子适周，将问礼于老子。老子曰：“子所言者，其人与骨皆已朽矣，独其言在耳。且君子得其时则驾，不得其时则蓬累而行。吾闻之，良贾深藏若虚，君子盛德，容貌若愚。去子之骄气与多欲，态色与淫志，是皆无益于子之身。吾所以告子，若是而已。”孔子去，谓弟子曰：“鸟，吾知其能飞；鱼，吾知其能游；兽，吾知其能走。走者可以为罔，游者可以为纶，飞者可以为矰[①]。至于龙，吾不能知其乘风云而上天。吾今日见老子，其犹龙邪！”

【译文】孔子前往周朝都城，向老子问礼。老子说：“你所提之事，那些人及其尸骨都已腐朽，只有言论还在。而且君子有机遇，就服侍君主，驾车而行；没有时机，就如蓬草随风而动。我听说，善于经商者深藏其财如同没有；君子有盛德，其容态就像愚夫。去掉你身上的骄气和欲望，以及矜持的态度和

---

① 矰［zēng］：古代用来射鸟的拴着丝绳的短箭。

过多的志向，这些对你毫无益处。我只能告诉你这些。”孔子回去后，对弟子说：“鸟，我知其能飞；鱼，我知其能游；兽，我知其能走。走兽可以网捕，游鱼可以线钓，飞鸟可以箭射。至于龙，我就不知道了，它可以乘风云而直上九天。我今天见到老子，他不就像是龙吗？”

【感悟】老子教导孔子主要三点：一是人总是要死的，只有他的精神不死，留下的言论不灭；二是把握好时机，该进则进；三是保持谦虚谨慎，这样才能赢得最大限度的支持。

9.20 孔子不出三月，复见曰：“丘得之矣。乌鹊孺，鱼傅沫，细要者化，有弟而兄啼。久矣夫丘不与化为人！不与化为人，安能化人！”老子曰：“可。丘得之矣！”

【译文】孔子经三月闭门后，又见到老子说：“我得道了。乌鸦喜鹊孵化而生，鱼儿借助水里的泡沫生育，蜜蜂自化而生。弟弟出生，哥哥失爱就啼哭。很长时间了，我未能跟万物的自然变化相识为友！不能如此，又怎能教化他人？”老子听了后说：“好。孔丘得道了！”

【感悟】孔子学习的特点是善于钻研，他曾经学习《韶乐》，痴迷到三个月不知道肉味的程度。他关门钻研老子的学说也三个月，总结出一条至理：事物发展各有因缘，一切顺其自然！

9.21 孔子病，商瞿卜，期日中。子曰：“取书来，比至日中，何事乎！”

【译文】孔子病重，商瞿占卜死期是中午。孔子说：“拿书来，不然到中午有什么事情可做呢？”

【感悟】什么叫好学？据说学生给孔子占卜，死期就在中午，他老人家不发愁、不叹气，还抓紧时间学习，令人感动。我想，还不是留着下辈子用啊！

9.22 子曰：“君子有三忧：弗知，可无忧与！知而不学，可无忧与！学而不行，可无忧与！”

【译文】孔子说：“君子有三种忧虑：不懂做人的道理，能不忧虑吗？知道却不去学习，能不忧虑吗？学了却无法身体力行，能不忧虑吗？”

【感悟】如果人人懂得“三忧”，国民素质肯定很高，那么就不需担心旅游景点一再出现“齐天大圣到此一游”的悲剧。

9.23 道吾问之夫子：“多所知，无所知，其身孰善者乎？”对曰：“无知者，死人属也；虽不死，累人者必众甚矣。然多所知者好，其用心也多；所知者出于利人即善矣，出于害人即不善也。”

【译文】道吾问孔子说：“知识丰富和知识贫乏，对自身来说哪一种好？”孔子说：“知识贫乏，是死人一类的人；即使不死，拖累别人一定严重。然而知识丰富的人，喜欢使用心计。知识丰富的人，出于有利于别人的话就好，出于陷害别人的话就不好。”

【感悟】无论是知识多还是知识少，关键是要活学活用。知识多，但执死理，诗书也是杀人剑；知识少，但不自爱，就会处处惹人嫌。

9.24 东郭子思问于子贡曰：“夫子之门何其杂也？”子贡曰：“夫隐括之家多枉木，良医之门多疾人，砥砺之旁多顽钝。”夫子闻之曰：“修道以俟，天下来者不止，是以杂也。”

【译文】东郭子思问子贡说：“孔先生的弟子是不是有点杂？”子贡说：“矫正器旁边有很多弯曲的竹木，良医门下有很多病人，磨石之下有很多使钝的工具。”孔子说：“加强修养等待将来的使用，求学的人不断到来，因此才会有点杂。”

【感悟】孔子的弟子三千，贤者七十二。三千弟子鱼龙混杂，这是真的。但是孔子有教无类，因材施教，即使小偷小摸的人，在这里也能矫正成为良木，这就是名师的功德啊！

9.25 子路性鄙，好勇力，志伉直，冠雄鸡，佩豭豚[1]，陵暴孔子。孔子设礼稍诱子路，子路后儒服委质，因门人请为弟子。

【译文】子路性情粗朴，喜欢逞勇斗力，志气刚强，性格直爽，头戴雄鸡式的帽子，佩戴着公猪皮装饰的宝剑，曾经欺凌孔子。孔子用礼乐慢慢地诱导他，后来，子路穿着儒服，带着拜师的礼物，通过孔子学生的引荐，请求做孔子的学生。

【感悟】子路就是一个典型。未师从孔子之前，是一个不算坏人的无赖，经常斗狠，还有些手脚不干净。被孔子调教后，成为一名智勇双全的烈士，备受崇敬。

9.26 子贡事孔子，一年，自谓过孔子；二年，自谓与孔子同；三年，自知不及孔子。当一年二年之时，未知孔子圣也，三年之后，然乃知之。

【译文】子贡侍奉孔子，一年，自称超过孔子；两年，自认与孔子相同；三年，知道不及孔子。当师事孔子一二年时，子贡还不知孔子是圣人，三年后才认识到这点。

【感悟】子贡自视甚高，家庭环境也好。聪明人最难调教，因为需要你比他更聪明。事实上，如果讲商道，孔子还是要拜子贡为师呢。但是，孔子教给子贡的，只是简单的做人道理，就让子贡受用无穷，终生敬师如父。

9.27 原宪曰："吾闻之，无财者谓之贫，学道而不能行者谓之病。若宪，贫也，非病也。"

---

① 豭豚［jiā tún］：泛指公猪。

【译文】原宪说："我听说，没有财产的叫做贫穷，学道而不能施行的叫做困窘。像我是贫穷，不是困窘。"

【感悟】人不能有傲气，但不可无傲骨。原宪体现了读书人的志气，贫穷不可怕，怕的是精神上的贫穷。当今之人，物质富贵而精神贫穷者甚多，难道不能向原宪学习吗？

【点睛之笔】

快乐学习，提升人生的境界

古人好学，有"头悬梁锥刺股"的刻苦，也有"凿壁偷光、囊萤映雪"的奇妙。近现代也有"醉书""吃书""救书"等书痴，留下了很多读书趣事。

闻一多读书成瘾，看书就"醉"。据说在他结婚那天，满门喜气，新娘花轿快到门前了，大家还找不到新郎，原来这家伙躲在书房呢。他还穿着旧袍，手里捧书痴呆呆地看着。怪不得人家说他不能看书，一看就要"醉"。

数学家张广厚也有"吃书"怪癖。他看到一篇关于亏值的论文，觉得很有用处，就一遍又一遍地反复阅读。这篇论文二十多页，他反反复复地念了半年多。由于反复翻摸，洁白的书页上留下一条明显的黑印。妻子开玩笑地说："你这不叫念书，叫吃书。"

苏联大文豪高尔基爱书如命。有一次房间失火，他大脑中只有书，抱起书就跑。为了抢救书籍，他险些被烧死，真是"救书"高手。他说："书籍一面启示着我的智慧和心灵，一面帮助我在一片烂泥塘里站起来，如果不是书籍的话，我就沉没在这片泥塘里，我就要被愚蠢和下流淹死。"

相对这些人来说，孔子读书是快乐读书，感受到书籍所带来的无边享受。

孔子说："学而时习之，不亦乐乎?"能时时学习实践，不是快乐的事情吗？有一次，叶公问子路：你的老师为人怎样啊？子路没回答。孔子知道后对子路说："你为什么不告诉他说，这个人啊，一学习起来就忘记吃饭睡觉，身心快乐忘记了忧愁，读着读着竟然不知道老了啊。"

孔子表扬最得意的学生颜回说："颜回实在是贤人！居住那么简陋，吃喝那么简单，学习那么起劲，别人受不了，但他却乐此不疲。真是贤人啊!"

从古至今，勤奋读书者都有共同点，就是"快乐读书"，享受读书带来的快乐。这样读书，才能深入书籍的"骨髓"，才能从字里行间吸取营养，将自己武装成"超人"。

如何快乐读书？现在生活条件好了，不需要跟颜回一样，"一箪食，一瓢饮，在陋巷"，而是有很好的物质条件来学习，不学习是怪可惜的。我们要将学习当成爱好，才能感受到快乐。要学而思，思而行，才有所得。要精和深，反复思考和钻研，才有所建树。要恒心，只有持续学习，才能学有所得。要学能改，通过学习，改变自己的习惯和气质。

当一个民族将读书成为每个人的爱好时，它将所向无敌。

第 10 篇　取人

导读：本篇命名“取人”有三义：一是如何看人、辨人和用人，这关系到事业的成败；二是交往之道，建立强大的人际关系，对个人成长非常重要；三是加强个人修养，只有自己足够强大，才能得到更高层次的人的认同和帮助。主要内容选自《史记》、《法言》、《列子》、《孔丛子》等。

10. 1　子曰：“吾以言取人，失之宰予；以貌取人，失之子羽。”

【译文】孔子说：“我只凭言辞判断人，对宰予的判断就错了；单从相貌上判断人，对子羽的判断就错了。”

【感悟】看人最难，孔圣人也有看错的！必须通过交往，才能深入了解。你没有经历过，就永远不能吸取教训！如果只重外表、先入为主和跟着感觉走，那么这就是“印象派”了。

10. 2　鲁哀公问于孔子曰：“请问取人。”孔子对曰：“无取健，无取拑[①]，无取口啍[②]。健，贪也；拑，乱也；口啍，诞也。故弓调而后求劲

① 拑［gàn］：通“钳”，恶。

② 啍［zhūn］：话多。

焉，马服而后求良焉，士信悫[1]而后求知能焉。士不信尒[2]而有多知能，譬之其豺狼也，不可以身尒也。语曰：‘桓公用其贼，文公用其盗。’故明主任计不信怒，闇[3]主信怒不任计。计胜怒则强，怒胜计则亡。”

【译文】鲁哀公问孔子说：“请问怎样选取人才？”孔子回答说：“不选争强好胜的，不选钳制别人的，不选能说会道的。争强好胜，往往贪得无厌；钳制别人，往往犯上作乱；能说会道，往往弄虚作假。所以弓先要调好，然后才求其强劲；马先要驯服，才求其成为良马；人才要诚实，才求其聪明能干。一个人如不诚实却又聪明能干，犹如豺狼，是不可靠近的。俗话说：‘齐桓公任用逆贼，晋文公任用强盗。’明君根据利害得失来选用人而不凭感情用事，昏君凭感情来选用人而不根据利害得失。权衡利害得失超越感情用事的就能强盛，偏执于感情用事的就会灭亡。”

【感悟】孔子提出了选拔人才的三条原则，即不选拔争强好胜的人，钳制别人的人，能说会道的人。其背后的原因是这些人太过自我，即个人色彩太浓。凡是过于自我的人，就不能担当重任。

10.3 子曰：“审吾所以适人，适人之所以来我也。”

【译文】孔子说：“看我怎样待别人，别人就会怎样待我。”

【感悟】人际关系永远是双向互动的。你爱别人，人家就爱你。《圣经·新约》中有一段话，“你想人家怎样待你，你也要怎样待人”，又称为“为人法则”，它几乎成了人类普遍遵循的处世原则。

10.4 诗曰：“瞻彼日月，悠悠我思。道之云远，曷云能来。”子曰：

---

① 悫［què］：诚实。
② 尒［ěr］：古同“尔”。
③ 闇［àn］：同“暗”。

“伊稽首[1]不其有来乎？”

【译文】《诗》云：“遥望日月，我深深地思念。道路遥远，何时才能回来？”孔子说：“如果志同道合，即使道路遥远，人们能不归来吗？”

【感悟】交友之道，贵在志同道合。正所谓，“道不同不相为谋”。

10.5 **或问治己。曰：“治己以仲尼。”或曰：“治己以仲尼，仲尼奚寡也？”曰：“率马以骥，不亦可乎？”**

【译文】有人问怎样修养自己。回答说：“用孔子作标准。”又问：“既然用孔子作标准，像孔子那样的人为何那么少？”回答说：“用良马来引导一般的马，不也可以吗？”

【感悟】这个社会是需要树立一些典型。以前典型少，大家印象深。现在单位的先进、优秀多了，大家不当一回事。看来，标准还是要高一点才好。

10.6 **孔子将行，雨而无盖。门人曰：“商也有之。”子曰：“商之为人也，甚吝于财，吾闻与人交，推其长者，违其短者，故能久也。”**

【译文】孔子要出行，下雨了车子却没有伞盖。弟子说：“卜商有。”孔子说：“卜商为人，非常吝啬钱财。我听说与人交往，要推重他的长处，避免其短处，这样交往才能长久。”

【感悟】“甚吝于财”的“吝”有争议，有些地方为“短”，说子夏家贫，老师不忍用他的。但也表明，做事情要懂得同情别人，推人之长，避人之短，这样才能够相交长久。

10.7 **子路问于孔子曰：“有人于此，披褐而怀玉，何如？”子曰：“国无道，隐之可也；国有道，则衮冕而执玉。”**

---

① 稽首：按照俞樾的解释：稽，同也；首，通道；稽首，同道也。

【译文】子路问孔子说："如今有这样的人，身怀才智而不显露于外，这样做怎么样？"孔子说："国无道，可隐居起来；国有道，则可为政而一展才华。"

【感悟】学成一身本领，是要出来找工作的。不出来找工作是有条件的，那就是世道不太平，出来也枉然。贤人出世，把握时机很重要。

10.8 子曰："弟子记之，桓公，霸君也；管仲，贤佐也；犹有以智为愚者也，况不及桓公管仲者也。"

【译文】孔子说："弟子记住，齐桓公是霸主，管仲是贤相，尚且把智者当作愚蠢的人，何况比不上桓公、管仲的人。"

【感悟】不仅是看人还是学习，都要保持谦虚谨慎之心。不被浮云遮住眼，就要站在最高层。

10.9 子曰："多货则伤于德，币美则没礼。"

【译文】孔子说："占有太多的财物就会损害道德，财物奢侈就会吞没礼义。"

【感悟】人的欲望之洞是无法填满的，世界上美好的事物太多了。既然如此，还不如斟一杯浊酒，持清风明月，让自己心境清净呢。

10.10 子曰："君子贵人而贱己，先人而后己，则民作让。"

【译文】孔子说："君子尊重别人而贬抑自己，先人而后己，民众就会兴起谦让之风。"

【感悟】如果人人能礼让于别人，社会就会和谐。

10.11 子曰："君子约言，小人先言。"

【译文】孔子说："君子说少做多，小人言多做少。"

【感悟】"宁吃过头饭，不说过头话。"其实，做任何事情过头了，都是不好的。孔子也批评这种做法，"过犹不及"，做过了和不达标都是不对的。

10.12 子曰："君子不以色亲人。情疏而貌亲，在小人则穿窬[①]之盗也与?"

【译文】孔子说："君子不用虚假表情去讨好别人。如果感情疏远而貌似亲密，拿小人来作比方，不就是钻墙洞的小偷吗?"

【感悟】孔子经常批评这种人，"巧言令色鲜矣仁""巧言、令色、足恭，左丘明耻之，丘亦耻之"。虚情假意的人，好像夏日脸上挂着霜花呢!

10.13 子曰："情欲信，辞欲巧。"

【译文】孔子说："感情要真挚，言辞要讲究技巧。"

【感悟】与人交往，感情真挚是第一位的。如果言辞上还讲技巧，就更加完美了。

10.14 子曰："弦则是也，其声非也。"

【译文】孔子说："琴还是这把琴，但弹出的琴声却不一样。"

【感悟】音乐很受人的情感影响，心境不同，弹出来的声调就不同。人也一样，同样的一个人，在不同的环境条件下，就决定了这个人是英雄还是狗熊。

10.15 子曰："君子辞贵不辞贱，辞富不辞贫，则乱益亡。"

---

① 窬［yú］：从墙上爬过去。

【译文】孔子说："君子推辞高贵而不推辞卑贱，推辞富有而不推辞贫穷，作乱的事情就会日趋消亡。"

【感悟】人若能够安贫乐道，社会风气就会变好。但如今是一个互相攀比的时代，能够保持节俭、不与别人攀比的人太少了。

10.16　子曰："唯君子能好其正，小人毒其正。"

【译文】孔子说："只有君子能够喜好对自己正言规劝的人，小人则仇恨对自己正言规劝的人。"

【感悟】向别人建言献策，要看清楚对象，如果是道不同者，就不要与虎谋皮，自添烦恼。

10.17　子曰："可人也，吾任其过；不可人也，吾辞其罪。"

【译文】孔子说："能自我反省的人，我不会指责他的过错；不懂自我反省的人，我责备他的罪过。"

【感悟】以直待人，是需要提倡的。对别人出现的问题，尽量能善意地指出来。

10.18　人或问孔子曰："颜回何如人也？"曰："仁人也。丘弗如也。""子贡何如人也？"曰："辩人也，丘弗如也。""子路何如人也？"曰："勇人也，丘弗如也。"宾曰："三人皆贤夫子，而为夫子役，何也？"孔夫子曰："丘能仁且忍，辩且讷，勇且怯，以三子之能，易丘一道，丘弗为也。"

【译文】有人问孔子说："颜回是怎样的人？"孔子说："仁慈的人，我不如他。"又问："子贡呢？"孔子说："善于辞令的人，我不如他。"又问："子路呢？"孔子说："勇敢的人，我不如他。"客人说："他们都比您高明，却听从您教诲，这是为何呢？"孔子说："我既能仁慈又能下决断，既能辩说又有时显得嘴笨，既勇敢又胆怯。拿他们的长处换我这种处世之道，我还不愿意呢。”

【感悟】孔子说：“三人行必有我师。”这里应改为：“三人行我取其长。”每个人都有长处，然而那只能叫一技之长。成大事者则不同，他们能够融汇众长，完善自我。

10.19 **哀公问于孔子曰：“吾闻夔一足，信乎？”曰：“夔，人也，何故一足？彼其无他异，而独通于声。尧曰：‘夔一而足矣。’使为乐正。故君子曰：‘夔有 ·足。’非一足也。”**

【译文】鲁哀公问孔子说：“我听说夔仅一条腿，可信吗？”孔子说：“要是人，怎会仅有一条腿呢？他和别人没有差别，唯独精通音律。尧说：‘夔有这一点就足够了。’让他做主管音乐的官。所以君子说：‘夔有这一点就足够了。’并不是只有一条腿。”

【感悟】谣言止于智者，传闻的总是添油加醋。一件事经过几个人的传递，就会失真；一张药方经过几个人之手使用，就会毒死人。

10.20 **子圉见孔子于商太宰。孔子出，子圉入，请问客。太宰曰：“吾已见孔子，则视子犹蚤虱之细者也。吾今见之于君。”子圉恐孔子贵于君也，因谓太宰曰：“君已见孔子，亦将视子犹蚤虱也。”太宰因弗复见也。**

【译文】子圉将孔子引见给宋国太宰。孔子走后，子圉问太宰对孔子的看法。太宰说：“我见过孔子后，看你就如同蚤虱那么渺小了。我要把他推荐给宋君。”子圉害怕孔子受宠，就对太宰说：“国君如见孔子，看你也像蚤虱那么渺小了。”太宰因此没有引见孔子。

【感悟】不遭嫉妒是庸才。人家嫉妒你，是因为怕你抢他们的饭碗，谁叫你那么能干呢？所以，如果你是个强人，受点挫折也不要放在心里。

10.21 孔子称少正卯之恶曰："言非而博，顺非而泽。"

【译文】孔子列举少正卯的罪恶说："言论错误却显得很博学，附和错误的东西却又加以润饰。"

【感悟】少正卯也是鲁国的名人，学识渊博，足智多谋，仿佛是孔子第二。但是他的学问虽然广博，却是经过科学包装的异端邪说，不加以鉴别的话一般人是看不出来的。

10.22 子曰："吾死之后，则商也日益，赐也日损。"曾子曰："何谓也?"子曰："商也好与贤己者处，赐也好说不若己者。不知其子视其父，不知其人视其友，不知其君视其所使，不知其地视其草木。故曰：与善人居，如入芝兰之室，久而不闻其香，即与之化矣；与不善人居，如入鲍鱼之肆，久而不闻其臭，亦与之化矣。丹之所藏者赤，漆之所藏者黑。是以君子必慎其所与处者焉。"

【译文】孔子说："我死后，卜商会日益进步，端木赐会日益退步。"曾子说："为何呢?"孔子说："卜商喜欢和比自己强的人相处，端木赐喜欢取悦不如自己的人。不了解儿子就看他的父亲，不了解某一个人就看他交往的朋友，不了解君主就看他任命的大臣，不了解某块土地就看那里草木的生长情况。所以说，与贤人相处，就像进入放有香草的房间，时间久了就闻不出它的香气，这是与它同化了；与不善者相处就像进入卖咸鱼的铺子，时间久了就闻不到它的腥臭味，也是与它同化了。装丹砂的容器会变成红色，藏漆的容器会变成黑色。因此，君子一定要慎重地选择相处的人。"

【感悟】交什么样的朋友就决定你是什么样的人。就像下棋一样，跟水平比自己强的人下，是天天进步；跟比自己水平差的人下，则日日退步。

10.23 白公问孔子曰："人可与微言乎?"孔子不应。白公问曰："若以石投水，何如?"子曰："吴之善没者能取之。"曰："若以水投水，何如？”子曰：“淄渑之合，易牙尝而知之。”白公曰：“人固不可与微言乎？”子曰：“何为不可？唯知言之谓者乎！夫知言之谓者，不以言言也。争鱼者濡，逐兽者趋，非乐之也。故至言去言，至为无为。夫浅知之所争者末矣。”

【译文】白公问孔子说：“可以和别人密谋吗？”孔子不答。白公又问：“如果把石块投入水中，怎样？”孔子说：“吴国擅于潜水者能取出来。”白公又问：“如果把水投入水中，怎样？”孔子说：“淄水与渑水合在一起，易牙尝一尝就能辨出来。”白公说：“那么，绝对不能和别人密谋吗？”孔子说：“为何不可？只要心领神会就可以。心领神会，就是不依靠语言来表达。捕鱼的人会把衣服弄湿，追逐野兽的跑痛双腿，这是形势使然。因此，最高明的言论不用言辞表达，最崇高的行为无所作为。那些浅薄的人争执的都是细枝末节。”

【感悟】再秘密的事情，都有其不秘密的地方。再强悍的人，也有其致命的弱点。真正与人交往，重在交心，能做到心领神会，那是最高境界的朋友了。

10.24 曾子曰：“十目所视，十手所指，其严乎？”

【译文】曾子说：“十只眼睛看着，十只手指着，这难道不令人畏惧吗？”

【感悟】这个社会最缺少的是监督，尤其是对权贵的监督。如果能使这些人被众多眼睛盯着，众多视频监控着，那么违法乱纪的事情就会减少。

10.25 子曰：“凡人心险于山川，难于知天；天犹有春秋冬夏旦暮之期，人者厚貌深情。”

【译文】孔子说：“人心比山川还险恶，比预测天象还困难。自然界尚有春夏秋冬和早晚变化的一定周期，可是人却面容复杂情感深藏。”

【感悟】人的心是最难捉摸的。有的人你感觉他对你不好，他的内心其实很爱你；有的人其实很不喜欢你，表面上却与你水乳交融。观察一个人，需要的是时间，关键是看行动。

10.26 子曰：“人莫鉴于流水，而鉴于止水，唯止能止众止。”

【译文】孔子说：“当水静止澄清时，才可以做镜子用。人的心理状况永远像一股流水，心浪不能停止，永远不能悟道。”

【感悟】人不能从流水中照到自己，只有当水静止下来时才行。静止的水比喻人那颗躁动的心平静下来，唯有静心才能正确辨别事物。心如果静下来，万物也跟着静下来。所有的烦扰，莫非自扰。天下实无扰人之事，唯心不正、人自烦扰才是实情。

10.27 子曰：“吾有四友焉：自吾得回也，门人加亲，是非胥附乎？自吾得赐也，远方之士日至，是非奔辏乎？自吾得师也，前有光后有辉，是非先后乎？自吾得仲由也，恶言不至于门，是非御侮乎？”

【译文】孔子说：“我有四友：自从有了颜回，弟子更加亲密，这不是团结友爱吗？有了端木赐，远方的求学者日多，这不是学子如云吗？有了颛孙师，每天感到身心愉悦，这不是体现在身前身后吗？有了仲由，恶言秽语不再传至门前，这不是抑止了干扰吗？”

【感悟】一个成功的人，必须有一批志同道合的朋友帮助。自己单枪匹马闯天下，即使能力再强，也只能做一个独行侠，成不了大气候。

10.28 子曰：“大矣哉！夫差未能言冠，而欲冠也。”

【译文】孔子说：“真自大啊！夫差还不能说清冠帽的名类，却想戴上冠帽了。”

【感悟】不能正确看待自己的人，就不能正确判断形势，最终的结局一定不会好。回望历史，夫差败于勾践，难道不应该吗？

10. 29 子曰："吾于甘棠，见宗庙之敬甚矣，思其人必爱其树，尊其人必敬其位，道也。"

【译文】孔子说："我通过《甘棠》这首诗，看出作者对祖先极大的恭敬。思念那人，必定爱护他爱护过的树；尊敬那人，必定敬慕他居住过的地方，这是合乎道义的。"

【感悟】谋大事者，必须尊重人才、善用人才、喜好人才还能爱屋及乌。如果能这样的话，还有什么人才不能聚在麾下呢？

【点睛之笔】

人际关系，是打开一片新天地的"钥匙"

有三个人：一个是卖草鞋的，一个是搞长途贩运的，一个是卖猪肉的。他们如果不走在一起，最多当个大老板。

有一天碰巧了，三人聚在一起，大碗喝酒，大块吃肉，还兴致勃勃玩起了结拜游戏，刚好花园里桃花盛开，这一结拜竟然惊天动地——大家都明白，这是刘关张桃园三结义——这是一个因聚合而发生聚变的人际关系典型。

没有三个桩，成不了一个篱笆；没有三个人帮你，你成不了好汉！

话说当年宋太祖赵匡胤出来混天下时，身上只有一根铁棍。开始时是一个人，从南混到北，四处碰壁，一事无成。

后来结交了一批生死兄弟，如"义社十兄弟"，他们中的石守信、杨光义、王审琦等，成为"陈桥兵变"的主谋和实施者。尤其是结交了高级谋士赵普，就如刘备得到诸葛亮一样，不成功都不行。传说中，他还与年轻时的周世宗柴荣、独眼龙郑恩"桃园三结义"。正是拥有了强大的人际关系网，才最终得以"黄袍加身"。

因此说，良好的人际关系，是一个人打开一片新天地的"钥匙"。

良好的人际关系有四个层次。

第一个层次是建立幸福人生。所有的人际关系，都是朝着这个目标迈进的。我们在日常生活中，交往的所谓的“圈子”，如“麻友圈”“茶友圈”“球友圈”等，都是在这种社会交往中，找到幸福的寄托和宣泄的。

第二个层次，构建和谐组织。人是个体的，但最终是要接触社会、服务社会的。即使是“麻友圈”，也是一个“临时组织”。其基础是和谐，不和谐的话，牌也没得打了。因此，良好的人际关系是各类组织成长成功的基础。

第三个和第四个层次，是安定社会和世界大同，这是较高层面的人际关系。从个体的和谐，再到身边人和组织的和谐，到社会、国家和民族的和谐，直至世界的和谐，那是世界大同，可见人际关系的极端重要性！

如何构建良好的人际关系，也有三个递进的层次。

第一步，要先知人，了解你身边的人。了解你的朋友，是建立良好人际关系的基础，如此才谈得上辨别人和使用人。

第二步，只有知人，才能结交志同道合的人。“有朋自远方来”，这个“朋”，首先是志同道合的朋友！

第三步，只有结交众多志同道合的人，才能构建强大的社会关系网。一个人的能力和素质，决定交友的层次；朋友的层次，决定这个人成就什么样的事业。因此，自己必须强大！你有多强大，就会有与你一样强大的人跟你交往。说不定哪一天，你也弄了个“桃园三结义”呢！

第 11 篇　儒行

导读：本篇全文摘自《礼记·儒行》。通过孔子与鲁哀公的对话，描述了一个真正的儒者应是什么样子的。儒者，可理解为有抱负的人。儒以道得民，也以道得名。春秋末年，儒者很少以道德名世，大多是穿着儒服自称儒者的人。评价儒者只从服饰来谈，比较滑稽。孔子便从容貌等十五个方面讲述儒行。

11.1　哀公曰："敢问儒行?"孔子对曰："儒有席上之珍以待聘，夙夜强学以待问，怀忠信以待举，力行以待取。其自立有如此者!"

【译文】鲁哀公问孔子说："请问什么是儒行?"孔子回答说："儒者有如筵席上的美味佳肴，拥有美好的品德，等待他人聘用，早晚勤勉学习以等待咨询，心怀忠实诚信以等待推荐，努力修行以等待取用。他们就是努力修身而有所成就的。"

【感悟】儒，即人需也，是社会上需要的人才。诸葛亮"舌战群儒"中说："君子之儒，忠君爱国，守正恶邪，务使泽及当时，名留后世。若夫小人之儒，惟务雕虫，专工翰墨，青春作赋，皓首穷经；笔下虽有千言，胸中实无一策。"所以说，做人要做君子儒，成为社会有用人。

11.2　子曰："儒有衣冠中，动作慎，其大让如慢，小让如伪，大则如威，小则如愧。其难进而易退也，粥粥若无能也。其容貌有如此者。"

【译文】孔子说："儒者的衣着得体，行动谨慎；他们对大利的推辞从容迟缓，对小利的推让也舒缓不迫。对待大事考虑再三，总怕出错；对待小事也不随意，以免愧疚。他们难于接受聘任为官，又易于辞退官职，谦恭柔和得如同无能一样。儒者的容貌就是这样的。"

【感悟】人进入社会，最先展示的是自己的容貌。仪容举止是一个人综合素质的外在体现。作为有抱负的人，容貌应是礼让的，小心无大错，谦虚谨慎永远是第一位的。

11.3 子曰："**儒有居处齐难。其坐起恭敬，言必先信，行必中正；道涂不争险易之利，冬夏不争阴阳之和；爱其死以有待也，养其身以有为也。其备豫有如此者。**"

【译文】孔子说："儒者日常起居严肃庄重，坐立举止都很恭敬。他们说话必以信用为先，行动一定中正无邪。在路途上不争危险平坦的便利，在冬夏季不争冷暖调和的地方。爱惜生命是为了等待时机，保养身体是为了有所作为。儒者做任何事时，都是预先有所准备的。"

【感悟】作为一个有抱负的人，必须有待、有为、有准备。有待，要做好时机的等待；有为，保养好身体，才能更好地服务社会；有准备，要做好成就一番事业的准备，尤其是知识储备。做事情要有严格的计划，"凡事预则立，不预则废"。

11.4 子曰："**儒有不宝金玉，而忠信以为宝；不祈土地，立义以为土地；不祈多积，多文以为富。难得而易禄也，易禄而难畜也，非时不见，不亦难得乎？非义不合，不亦难畜乎？先劳而后禄，不亦易禄乎？其近人有如此者。**"

【译文】孔子说："儒者不以金玉为宝，而以忠信为宝；不企求多占土地，而把合乎义理当作土地；不企求积聚财物，而把博学多闻当作财富。得到他们不容易，给他们俸禄却容易；给他们俸禄虽然容易，却难以容留他们。时机不适宜他们就不出任，这不是难以得到吗？不合乎义理他们不合作，这不是难以容留吗？先有功劳才取俸禄，这不是容易给予俸禄吗？儒者的待人接物就是这样的。”

【感悟】在待人接物上，忠诚、信用、道义、博学等是人的基本品德，只有善于把握时机，因时而动，才能事半功倍。所以要注重与人合作，因为这是一个合作共赢的社会。

11.5 子曰：“儒有委之以货财，淹之以乐好，见利不亏其义；劫之以众，沮之以兵，见死不更其守；鸷[①]虫攫搏[②]不程勇者，引重鼎不程其力；往者不悔，来者不豫；过言不再，流言不极；不断其威，不习其谋。其特立有如此者。”

【译文】孔子说：“儒者，即使赠给他们财物，并投其所好，他也不会见利忘义。用众人相威胁，用武力相恐吓，面对死亡他不会改变操守。遇到猛兽便上前搏击，不考虑自己的勇武能否胜任。扛举重鼎，也不考虑自己的力量能否胜任。对过往的事不追悔，对未来的事不预测。说过的话不再重复，对流言也不追究其来源。堂堂正正做人，不搞阴谋诡计。儒者特有的品格就是这样的。”

【感悟】人，一定要有独立的人格，关键是要有自己的道德底线，知道哪些可为、哪些不可为。这个底线，就是不能见利忘义，不能见死不救，不搞阴谋诡计，堂堂正正做人。

11.6 子曰：“儒有可亲而不可劫也，可近而不可迫也，可杀而不可辱也。其居处不淫，其饮食不溽；其过失可微辨而不可面数也。其刚毅有如此者。”

---

① 鸷［zhì］：凶猛的鸟。

② 攫搏［jué bó］：鸟兽以爪翅猎物。

【译文】孔子说："儒者，可以亲近而不可威胁，可以接近而不可逼迫，可以杀害而不可侮辱。他们的日常生活不奢侈，饮食不丰美。对他们的过失可以委婉地批评，却不可当面指责。他们的刚毅就是这样的。"

【感悟】人，一定要刚毅，一定要有骨气，否则很少能成就大事。有骨气的人，才能有独立的人格，才能在泰山压顶时不会变节，才能在风雨中接受洗礼。

11.7 **子曰："儒有忠信以为甲胄，礼义以为干橹；戴仁而行，抱义而处；虽有暴政，不更其所。其自立有如此者。"**

【译文】孔子说："儒者用忠信作为护身的盔甲，用礼义作为抵御的盾牌。行动尊崇仁爱，安居怀抱道义。即使遇上暴政，也不更改其所确立的志向。儒者的自立就是这样的。"

【感悟】自立者方能自强。自立，即生活上不依赖别人，工作中胜任本职，交往中没有索求。自立，要将忠诚、信用、礼义、仁爱放在心上，就不会自高自大、孤陋寡闻和孤芳自赏，就不会没有爱心、没有血肉。

11.8 **子曰："儒有一亩之宫，环堵之室，筚①门圭窬②，蓬户瓮牖；易衣而出，并日而食，上答之不敢以疑，上不答不敢以谄，其仕有如此者。"**

【译文】孔子说："儒者有一亩地的宅院，房屋只有一丈见方，竹子编的院门，又在院墙上挖出其形如圭的小旁门，用蓬草编的房门，用破瓮为边框做的圆窗。全家只有少量完整外衣，谁出门就换上，两天吃一天的粮食。君主答应采纳自己的建议，不敢产生疑虑，君主不答应自己的建议，不敢谄媚求进。他们出仕做官的态度就是这样的。"

---

① 筚［bì］：用荆条、竹子等编成的篱笆或遮拦物。

② 圭窬［guī yú］：墙上的小门。

【感悟】作为有抱负的人，从政也要淡泊明志、宁静致远，而不是利用职务之便谋取私利。如果能做到工作上积极进取，生活上清静无为，那就是很高的境界了。

11.9 子曰：“**儒有今人与居，古人与稽；今世行之，后世以为楷；适弗逢世，上弗援，下弗推，谗谄之民，有比党而危之者，身可危也，而志不可夺也，虽危起居，竟信其志，犹将不忘百姓之病也。其忧思有如此者。**”

【译文】孔子说：“儒者虽然和同时代的人共处，但他的志向却与古人相合。他在当今时代的行为举止，可以成为后世的楷模。遇上社会不治的时代，君主不提拔，臣下不举荐，那些谗佞的小人，结党营私，进行陷害。他的身体虽会遭到危害，但志向不可动摇。虽身处危难之中，但始终伸张着他的志向，并且不会忘记老百姓的疾苦。儒者的忧患和信念就是这样的。”

【感悟】作为有抱负的人，必须要有忧国忧民的理想信念。范仲淹说：“先天下之忧而忧，后天下之乐而乐。”即使不被世上所用，也要从各个方面成为道德的模范。

11.10 子曰：“**儒有博学而不穷，笃行而不倦；幽居而不淫，上通而不困。礼之以和为贵，忠信之美，优游之法，慕贤而容众，毁方而瓦合。其宽裕有如此者。**”

【译文】孔子说：“儒者广泛地学习，没有止境；忠实地笃行，不知倦怠。隐居而不放纵自己，通达君主而不困惑。行礼以和为贵，以忠信为美，以温柔平和为法度。仰慕贤者，宽待众人，不露锋芒，平易近人。儒者博大的气度就是这样的。”

【感悟】气度，对一个人的成功至关重要。俗话说，量大福大。你的气量有多大，决定你的成就有多高。气度表现在工作和生活中，是对好的东西学习的不厌足，与人交往的互谅互信、通达事理、宽容待人。

11.11 子曰：“儒有内称不辟亲，外举不辟怨。程功积事，推贤而进达之，不望其报。君得其志，苟利国家，不求富贵。其举贤援能有如此者。”

【译文】孔子说：“儒者推举人才，对内不回避亲属，对外不回避仇人。考察他们的功劳和事迹，推荐贤才，使他们得到任用。不希望得到回报，只是为了合乎君主的意志。只要对国家有利，不求个人富贵。儒者举拔贤士就是这样的。”

【感悟】作为有抱负的人，推举贤才、选贤任能是基本的道德规范。再者，如果没有贤才帮助你，你纵有天大的本事，也难以在小水坑里掀起大浪。因此说，选拔贤才与自己成就事业是双向的、共赢的。

11.12 子曰：“儒皆闻善以相告也，见善以相示也；爵位相先也，患难相死也；久相待也，远相致也。其任举有如此者。”

【译文】孔子说：“儒者听到善言就互相告知，见到善举就互相传示；接受爵位互相推让，遇到患难争相献身。有的朋友久在下位，就等待他升迁；有的朋友在远方不得意，就设法招致他来入仕。儒者的互相推举就是这样的。”

【感悟】任举有两层意思：一是劝善行善。如果人人向善，传播美好的事情，宣扬善良之举，那么社会风气就会越来越好。二是互相举荐人才。只有用人才治理社会，国家才会进步。

11.13 子曰：“儒有澡身而浴德，陈言而伏，静而正之；上弗知也，粗而翘之，又不急为也；不临深而为高，不加少而为多，世治不轻，世乱不沮；同弗与，异弗非也。其特立独行有如此者。”

【译文】孔子说：“儒者用道德沐浴以洁身，向君主进言后退而等待，依然宁静并恪守正道。君主有不知道的事，就略加启发，不急于求成。身居高位时不妄自尊大，不夸张自己的功绩。世道清明不轻佻，世道混乱不沮丧。对政见相同的人不亲近，对政见不同的人不非难。儒者特立独行的品德就是这样的。”

【感悟】有抱负的人，必须保持特立独行的性格，出污泥而不染。始终保持良好的道德修养，尽量发挥自己的最佳水平，即使暂时处于低谷，也不会自暴自弃。

11.14 **子曰：“儒有上不臣天子，下不事诸侯；慎静而尚宽，强毅以与人，博学以知服；近文章，砥厉廉隅；虽分国如锱铢[①]，不臣不仕。其规为有如此者。”**

【译文】孔子说：“有的儒者上不为臣于天子，下不为诸侯效劳。谨慎宁静而崇尚宽容，刚强坚毅而善与人交，学识渊博而敬服前贤。爱好礼乐，磨炼品行，端方正直。即使被封为诸侯，也看成轻微小事，既不称臣，也不做官。儒者约束自己的行为就是这样的。”

【感悟】有抱负的人，要有所为和有所不为。这涉及气节问题，不为某些君主服务，是指政治处于昏暗时期。在那个时候，洁身自好，加强修养，也不失为一条明路。

11.15 **子曰：“儒有合志同方，营道同术；并立则乐，相下不厌；久不相见，闻流言不信；其行本方立义，同而进，不同而退。其交友有如此者。”**

【译文】孔子说：“儒者志趣相合，实行道义的方法也相同。他们地位相同时相处快乐，地位悬殊时谦虚相待而不厌弃。长久不相见，听到有关朋友的流言也不相信。他们的行为本乎方正，建立于道义之上。志向相同就一起前进，志向不同就自行离去。儒者的交友之道就是这样的。”

---

① 锱铢［zī zhū］：比喻微小的数量，非常小气。

【感悟】交友之道，在于志趣相投、志同道合。若没有共同的爱好，就缺乏深交的基础。若没有共同的志向，就会陷入低级趣味，成为吃喝玩乐的“小圈圈”。朋友之间，贵在信任，相互鼓励和促进。因此交一个好朋友，将会受益终生。

11.16 子曰：“温良者，仁之本也；敬慎者，仁之地也；宽裕者，仁之作也；孙接者，仁之能也；礼节者，仁之貌也；言谈者，仁之文也；歌乐者，仁之和也；分散者，仁之施也。儒者兼而有之，犹且不敢言仁也。其尊让有如此者。”

【译文】孔子说：“温和善良是仁的根本，恭敬谨慎是仁的质地，宽宏大量是仁的起始，谦逊待人是仁的功用，礼貌节义是仁的外表，言谈论说是仁的文采，歌舞音乐是仁的和谐，分财散物是仁的施予。儒者全部具备了这些美德，还不敢自称达到了仁的境界。儒者谦让的品格就是这样的。”

【感悟】有抱负的人，核心是要行仁。仁有八德，其根本是温和善良。只有能做到上述八点，才可称为是一个真正谦逊的人。

11.17 子曰：“儒有不陨获于贫贱，不充诎于富贵，不慁[①]君王，不累长上，不闵有司，故曰儒。今众人之命儒也妄，常以儒相诟病。”

【译文】孔子说：“儒者不因为贫贱而失意，不因为富贵而失节。不因君王的困辱、不因长官的恐吓、不因官吏的刁难而违道失常，有这样的品格才叫做‘儒’。现在人们随意称某人为‘儒’，甚至以称他人为‘儒’来互相攻击。”

【感悟】有抱负的人，要贫贱不失意，富贵不失节，重压不失常，只有做到“三不失”，才可以称为“儒者”。看来，儒者不是穿一件儒服那么简单的事情，它更重要的体现在内在修养，及由此形成的坚强气节、钢铁意志和进取精神。

---

① 慁［hùn］：扰乱，打扰。

11.18 孔子至舍，哀公馆之："闻此言也，言加信，行加义。终没吾世，不敢以儒为戏。"

【译文】孔子到馆舍，哀公款待他，说："听了这番话，知道儒者的言论更加可信，行为更加合理。终我一生，再不会拿儒者开玩笑了。"

【感悟】言语是引祸的阶梯，尤其是作为在上位的人，说话更是不可不慎。鲁哀公算是忏悔了，今天的人，也不要拿人才来开玩笑，否则就要自尝恶果。

【点睛之笔】

独立人格，人应该高贵地活着

国学大师陈寅恪说过，知识分子必须有"独立之人格，自由之思想"。

独立人格，核心是人格，人的品质；关键是独立，人必须有自主性、独立性和创造性。泰山压顶，能将人压扁，但压不扁人的思想。古人说，"应似玉碎不改白，当效竹焚不毁节""粉身碎骨浑不怕，要留清白在人间"。中国教育的精髓，或说中国文化的精髓就在于此。

孔子是伟大的教育家，被尊称为"万世师表"。五代时后周太祖郭威专程到曲阜祭拜孔子。当他给孔子行跪拜大礼时，别人劝他说："陛下贵为天子，怎能跪拜臣民呢?"郭威说："孔子是百世帝王师，如何不拜?"尊师重教，不仅在今天，而且在过去都是一直得到很好的弘扬的。

在西方，孔子的学说备受尊重，是因为他的教育思想内涵深刻，是"人学"，即人的独立人格的养成。有人说，孔子倡导中庸，凡事走中道主义，四处和稀泥，哪有独立人格可言？这是因为不了解孔子学问而造成的！

孔子提倡的"人学"，是以追求人的独立人格为基础的。孔子关于"人"的伟大发现及其一系列原则性的论述，诸如"岁寒，然后知松柏之后凋也”“三军可夺帅也，匹夫不可夺志也”“志士仁人，无求生以害仁，有杀身以成仁”“君子和而不同，小人同而不和”等。尤其是在“儒行”里，对儒者的行为举止作出了具体阐述。儒者的核心价值，就是要具备独立人格，这是有抱负的人的典型，中国知识分子的典型！

孔子“人学”的核心，正是独立和自由！有一次，他与弟子们指点江山、激扬文字时，问及大家的人生理想。孔子并不指望他们取得高官厚禄，而是赞成曾点的理想：“莫春者，春服既成，冠者五六人，童子六七人，浴乎沂，风乎舞雩，咏而归。”

这个理想与治国称霸、功名利禄没有多少关系，其内心真正重视的是生命的独立和自由的价值，是一种真正过人的日子。正视功名利禄，如雨打风吹去！

人作为一个独立的生命个体，怎样才能高贵而活？这个问题发人深思。

追求独立的人格，要求人们不依靠外在的精神权威，不依附任何的政治力量，必须在追求真理时具有独立的判断能力，在参与政治生活中具备独立自主的精神。

因此，“儒行”中无疑提供了一种答案，一种生活生存方式。

简言之，独立人格首先是具备独立意识，习惯独立思考，独立实践，有自己的道德操守，不能为自己而活。追求独立的精神价值，形成高度独立的人格。

第 12 篇　春秋

导读：取名《春秋》，一是纪念孔子编写该书的历史贡献；二是宣扬春秋大义，它是中华文化中的一种基本精神，旨在明是非、辨邪正、分善恶、定褒贬；三是倡导一种理想精神，这里，有孔子期盼的天下大同、实现小康、天下为公的至高理想。主要内容选自《公羊传》、《韩非子》、《说文》等。

12.1　子曰："知我者其惟春秋乎！罪我者其惟春秋乎！"

【译文】孔子说："了知我的可凭《春秋》这部书，怪罪我的也凭《春秋》这部书。"

【感悟】历史是一面镜子。"孔子作《春秋》，乱臣贼子惧"，正是儒家诛心杀法的自我表白。儒家以《春秋》立起的政治标尺，不是行为法度，而是道义标尺、教义标尺、"原心"标尺。如此汹汹诛心勘问灵魂，天下谁能不诚惶诚恐?

12.2　孔子作《春秋》，采毫毛之善，贬纤介之恶，采善不逾其美，贬恶不溢其过。

【译文】孔子编写《春秋》，表彰极小的善行，贬斥极细的恶举。表彰善行不夸大其美德，贬斥恶举也不超过其过错。

【感悟】史官应直笔记史，不能掺入个人情感。唯有孔子可以，因为他是圣人！由此产生的“春秋笔法”，一字定褒贬，好的得以褒扬，坏的则永远被钉在历史的耻辱柱上！

12.3　夫子见禾之三变也，滔滔然曰：“狐向丘而死，我其首禾乎！”

【译文】孔子看到庄稼由种子变成禾苗又长出穗谷的生长过程后，感慨地说：“狐狸都懂得头朝着山丘而死，人类也不应忘本吧！”

【感悟】历史是不应该忘本的，人类也不应该忘本！这个“本”，就是生于斯、养于斯的自然和社会，因此说，建立和谐社会，就是不忘本。

12.4　子曰：“能执干戈以卫社稷，可无殇也。”

【译文】孔子说：“能拿起武器来保卫国家，可不当夭折的人来举行葬礼。”

【感悟】为正义事业作出卓越贡献的人，历史是不会忘记的。为正义而战，是人本质上、道义上应做到的。

12.4　子路曰：“食其食者不避其难。”“君子死而冠不免。”

【译文】子路说：“食人俸禄，在人家遇难时不能逃避。”“君子可以死，但帽子不能掉下来。”

【感悟】子路是孔子的第一批弟子，也是最得意的弟子之一，孔子说：“我有了仲由，从此不再听见那些恶言恶语。”说明子路是一个儒家的殉道者、圣人的捍卫者。

12.5　孔子闻卫乱，曰：“柴也其来，由也死矣。”

【译文】孔子获悉卫国动乱，说：“高柴能回来，子路却死了。”

【感悟】卫国动乱，同在卫国做事的高柴和子路选择的道路则不同，高柴避其锋芒，子路却选择大义，选择英勇献身，其精神更为可敬也！

12.6 子路死，子曰："噫！天祝予。"

【译文】子路死的时候，孔子说："唉，上天要断绝我啊！"

【感悟】弟子不幸去世，孔子万分悲痛，记录孔子悲伤情形的只有两个人：颜回和子路。颜回死，孔子悲痛地说："老天要我的命！"子路死，同样悲伤。

12.7 孔子哭子路于中庭。有人吊者，而夫子拜之。既哭，进使者而问故。使者曰："醢[①]之矣。"遂命覆醢。

【译文】孔子在中庭里哭子路。有人来吊问，孔子以丧主身份回拜。哭过后，孔子见来报信的使者，问子路死的情况。使者说："被砍成肉酱了。"孔子听了，叫人把要吃的肉酱倒掉。

【感悟】上述四则，分别选自《左传》、《史记》、《公羊传》、《礼记》，构成子路慷慨义勇的人生轨迹。就当为子路作传，弘扬春秋大义吧。

12.8 子曰："大道之行也，与三代之英，丘未之逮也，而有志焉。"

【译文】孔子说："大道实行的时代，和夏商周三代杰出君主在位的时代，我没有赶得上，而内心深怀向往。"

【感悟】孔子比较尊崇夏禹、成汤、周文王和周武王时代的社会治理。为什么向往呢？其基本精神是天下为公，如果人人出自公心，社会岂能不进步呢？

12.9 子曰："大道之行也，天下为公，选贤与能，讲信修睦。故人

---

① 醢［hǎi］：用肉、鱼等制成的酱。

不独亲其亲，不独子其子，使老有所终，壮有所用，幼有所长，矜[1]寡孤独废疾者皆有所养，男有分，女有归。货恶其弃于地也，不必藏于己；力恶其不出于身也，不必为己。是故谋闭而不兴，盗窃乱贼而不作，故外户而不闭。是谓大同。”

【译文】孔子说：“大道实行的时代，天下是公共的，大家推选有才德的人，彼此之间讲究信誉，相处和睦。人们不只把自己的亲人当亲人，不只把自己的子女当子女，使老年人安度晚年，壮年人有事可为，幼年人健康成长，鳏寡孤独和残废有病的人都得到社会的照顾。男子有职业，女子适时嫁。对于财物，人们只是不愿让它白白地扔在地上，倒不一定非藏到家里不可；对于气力，人们生怕不是出在自己身上，倒不一定是为了自己。所以钩心斗角的事没有市场，作乱害人的现象绝迹，所以门户只须带上而不须上锁。这就叫大同。”

【感悟】天下为公的思想，是孔子较早提出来的，后来经过孙中山先生的演绎，成为人类最崇高的社会理想。天下为公是什么？孔子给出了标准答案，就是天下是公共的，大家推荐德才兼备的人治理社会，天下太平，万民富足。

12.10　子曰：“禹、汤、文、武、成王、周公由此其选也。此六君子者，未有不谨于礼者也。以着其义，以考其信，着有过，刑仁讲让，示民有常。如有不由此者，在執[2]者去，众以为殃。是谓小康。”

【译文】孔子说：“夏禹、商汤、周文王、武王、成王、周公，就是在这种情况下产生的佼佼者。这六位君子，没有一个不是把礼当作法宝，用礼来表彰正义，考察诚信，指明过错，效法仁爱，讲究礼让，向百姓展示一切都是有规可循的。如有不按礼办事的，当官的要被撤职，民众都把他看做祸害。这就是小康。”

【感悟】孔子提出建设小康社会，两千多年了，我们还没有实现，真是愧

---

① 矜［guān］：通“鳏”，无妻或丧妻的男人。

② 執［shì］：通“势”，权势的意思。

对圣人啊。小康是什么？有德者治国，弘扬文化精神，人们知礼乐，社会很富庶，仁爱为基本，礼让自遵守，这是一个物质生活美好的时代，更是精神生活美好的时代。

12.11 **子曰：“仁者天下之表也，义者天下之制也，报者天下之利也。”**

【译文】孔子说：“仁是天下的仪表，义是裁决事物的准则，礼尚往来是天下之利。”

【感悟】在孔子的哲学中，“仁义”始终是其核心内容，就像人的双腿一样，缺一不可。

12.12 **子曰：“善哉！祁黄羊之论也，外举不避仇，内举不避子。祁黄羊可谓公矣。”**

【译文】孔子说：“祁黄羊的话太好了！推举外人不回避仇人，推举家人不回避儿子。祁黄羊可称公正无私。”

【感悟】祁黄羊推荐干部的要点是出自于公心。如果每个人能公心用人，德才兼备的人哪能不被发现和任用呢？

12.13 **子曰：“夫修之于庙堂之上，而折冲于千里之外者，司城子罕之谓也。”**

【译文】孔子说：“在朝廷上修养品德，却能胜敌于千里之外的，说的是司城子罕！”

【感悟】宋国丞相乐喜，字子罕，被称为司城子罕。有一次，楚国使者到他家中，发现南墙弯弯曲曲，邻居的水居然从其院子流过，便问缘故。子罕说，邻家靠做鞋为生已有三代，如果迁到别处，买鞋人会找不到，他们也无以为生，就让邻家的流水经过。此时，楚王准备攻打宋国，楚使因此进谏，说宋国有如此贤能的人执政，不能攻伐，阻止了楚王。

12.14 子曰：“古之善为人臣者，声名归之君，祸灾归之身，入则切磋其君之不善，出则高誉其君之德义，是以虽事惰君，能使垂衣裳，朝诸侯，不敢伐其功。当此道者，其晏子是耶！”

【译文】孔子说：“自古善于做臣子的，总是把好名声归于君王，把灾祸归于自身，入朝则切磋君王的不善之处，出朝就高度赞誉君王的美德，即使是侍奉懈怠的国君，也能使他轻松治国、称霸诸侯，而不夸耀自己的功劳。能担得起这为臣之道的，只有晏子了！”

【感悟】学习晏子有点难，好的归领导，错误留给自己，当面讲问题，背后说美德。若能做到这样，不被提拔就怪了。

12.15 楚王出游，亡弓，左右请求之。王曰：“止，楚王失弓，楚人得之，又何求之？”子曰：“惜乎其不大也，不曰人遗弓，人得之而已，何必楚也！”

【译文】楚王出游时丢了一张弓，部下想方设法地寻找。楚王说：“算了，楚王遗失了弓，被楚国人捡去了，没什么区别。”孔子说：“可惜呀，楚王的心量还不够大，依我看，反正丢弓的是人，捡弓的也是人，何必加个‘楚’呢？”

【感悟】这体现“公”的思想。丢失了东西，一般会被别人捡到，既然不在乎谁得到好处，那么谁都可以得益。当然，现在捡到失物，还是要交回为好，否则就是不当得利。

12.16 子曰：“耕、渔与陶，非舜官也，而舜往为之者，所以救败也。舜其信仁乎！乃躬藉处苦而民从之。故曰：圣人之德化乎！”

【译文】孔子说：“种田、打鱼和制陶，都不是舜的职责，而舜却干这些活，是为纠正败坏的风气。舜确实仁厚！如此亲身操劳而使民众服从。所以说，圣人的道德能感化人。”

【感悟】这个社会最需要的是好榜样，如果居上位的人以身作则，那么下面的人就会跟着做好。

12.17 子曰：“仁哉，文王！轻千里之国而请解炮烙之刑。智哉，文王！出千里之地而得天下之心。”

【译文】孔子说：“文王真仁慈！不在乎方圆千里的土地而请求废除炮烙之刑。文王真聪明！献出方圆千里的土地而得到天下人的心。”

【感悟】什么叫眼光，这就是眼光，更是战略眼光！周文王是仁德的象征，他以天下为己任，所作所为，都是希望仁慈能遍及于民。

12.18 鲁哀公问于仲尼曰：“《春秋》之记曰：‘冬十二月，霣[①]霜不杀菽。’何为记此？”仲尼对曰：“此言可以杀而不杀也。夫宜杀而不杀，桃李冬实。天失道，草木犹犯干之，而况于人君乎！”

【译文】鲁哀公问孔子说：“《春秋》上记载：‘冬天十二月的霜，不会摧残豆类作物。’为何要记载这件事？”孔子回答说：“这是说可摧毁而没有被摧毁。应加以摧残的却不摧残，桃树和李树就会在冬天结果。大自然失去了常规，草木都可以违背气候，何况是人间的君主呢？”

【感悟】《春秋》记载这件事，在鲁哀公看来是小事，在孔子看来却是大事，这是庸君与圣者认识上的差别。圣者看到的是本质，看到的是规律，看到的是天道对人道的必然影响。

12.19 管仲父出，朱盖青衣，置鼓而归，庭有陈鼎，家有三归。孔

① 霣［yǔn］：通“陨”，降，落下。

子曰："良大夫也，其侈逼上。"

【译文】管仲出门时，坐的车用朱红车盖和青色车衣。回来时，用鼓乐引路。庭院有陈列的大鼎，家里有十分之三的商税收入。孔子说："管仲是个良大夫，但他的奢侈都快赶上君主了。"

【感悟】据说，齐桓公比较奢侈，臣民有意见。管仲没有好办法，也学着奢侈，通过自己的"不良"行为减轻君主的舆论压力。不过，这样做或许并非良策，因为看待这件事的人，掌握的真实材料是有限的，得出来的结论也不一定准确，但往往这就是盖棺定论！

12.20 鲁哀公问于孔子曰："鄙谚曰：'莫众而迷。'今寡人举事，与群臣虑之，而国愈乱，其故何也？"孔子对曰："明主之问臣，一人知之，一人不知也；如是者，明主在上，群臣直议于下。今群臣无不一辞同轨乎季孙者，举鲁国尽化为一，君虽问境内之人，犹不免于乱也。"

【译文】鲁哀公问孔子说："民谚说：'做事不与众人商量，就会迷惑。'如今我做事，总是与群臣一起商量，而国家反而更乱了，这是什么原因呢？"孔子回答说："明君有事问臣下，有人知道，有人不知道；像这样的话，明君在上，群臣可在下面直率地议论。如今群臣没有不和季孙氏统一口径的，整个鲁国众口一词，君主即使问遍了全国的人，仍然不会免于乱。"

【感悟】春秋时，权臣掌握国政，鲁哀公实属傀儡，臣民只知道季桓子。因此，季桓子的话就是圣旨。社会总是趋炎附势的，谁有实力，谁就是老大，谁就掌握了话语权。

12.21 子曰："在人下，故诘屈。"

【译文】孔子说："身在屋檐下，因此就得附和人家。"

【感悟】季桓子权倾鲁国，统一了全国宣传口径。臣民身在屋檐下，哪能不低头？

12.22 子夏问曰：“关雎何以为国风始也？”子曰：“关雎至矣乎！夫关雎之人，仰则天，俯则地，幽幽冥冥，德之所藏，纷纷沸沸，道之所行，如神龙变化，斐斐文章。大哉！”

【译文】子夏问：“为何将《关雎》作为《国风》的开篇诗呢？”孔子说：“《关雎》思想艺术达到了完美的境界！诗中的人物，仰首效法天道，俯身效法地理。在高深幽远的氛围中，是美德潜在之处；在纷扬激烈的情景里，是正道运行之所。如神龙变化莫测，文采斐然。真伟大！”

【感悟】孔子修订《诗经》，将《关雎》作为开篇，全面诠释了孔子的思想。该诗写的是男女的谈情说爱，说明人世间所有的大事小事，都是从此开始的。没有夫妇就没有家庭，没有家庭就没有社会和国家。家和万事兴，还不是体现在这里吗？

12.23 子曰：“明王有三惧：一曰处尊位而恐不闻其过，二曰得志而恐骄，三曰闻天下之至道而恐不能行。”

【译文】孔子说：“明君有三怕：一是身处高位却怕听不到过错，二是心想事成却怕自骄自傲，三是听到天下的至理名言却怕不能实行。”

【感悟】这里说的是三件事，“能听、能成、能行”：能听正面负面的言论，则明；能成自己的理想和目标，则名；能行正道，则鸣。

12.24 子曰：“夏道不亡，商德不作；商德不亡，周德不作；周德不亡，春秋不作；春秋作而后君子知周道亡也。”

【译文】孔子说：“夏朝不衰亡，商朝就不会兴起；商朝不衰亡，周朝就不会兴起；周朝不衰亡，就不会写作《春秋》这部书。《春秋》既成，有识之士就知道周朝要灭亡了。”

【感悟】一叶落而知天下秋，没有因就没有果。要得善果，必种善因；种恶因，得恶果。天理皆然。

12.25 子曰："大哉文王之道乎！其不可加矣！不动而变，无为而成，敬慎恭己而虞芮自平。"

【译文】孔子说："周文王的道德真伟大！无可复加！他无须行动，社会风气随着改变；他无为而治，事业自然成功。自己恭敬谨慎、严格自律，虞、芮两国的争端自然平息了。"

【感悟】道德的教化有深浅，天下的变化就有深浅。道德的教化，最重要的是处于上位的人必须以身作则。

12.26 麟者，仁兽也。有王者则至，无王者则不至。有以告者曰："有麕[①]而角者。"子曰："孰为来哉！孰为来哉！"反袂拭面涕沾袍。

【译文】麒麟是仁兽，有圣明天子时才到来，无圣明天子时则不至。有人将此事报告给孔子说："有一只獐却生有角。"孔子说："为谁而来啊！为谁而来啊！"翻起衣袖擦脸，泪水沾湿了衣襟。

【感悟】圣人看事物，总是从一而三，推十合一，能从一个事物的变化中，看到另一事物的必然变化。乱世来麒麟而被杀，难道不昭示这个社会快完蛋了吗？

12.27 宰予曰："以予观夫子，贤于尧、舜远矣。"

【译文】宰予说："据我看孔子，要比尧、舜贤良得多。"

【感悟】孔子的思想之所以能这么好地被弘扬，与弟子这种深信很有关系。现在也要这样，老师您能否得到学生的深信呢？

12.28 齐景公谓子贡曰："子谁师？"曰："臣师仲尼。"公曰："仲尼贤乎？"对曰："贤。"公曰："其贤何若？"对曰："不知也。"公曰：

---

① 麕［jūn］：麕的身躯与麒麟的身躯十分相像。

"子知其贤而不知其奚若，可乎?"对曰："今谓天高，无少长愚智皆知高，高几何？皆曰不知也，是以知仲尼之贤而不知其奚若。"

【译文】齐景公问子贡说："您的老师是谁?"子贡说："是孔仲尼。"齐景公问："仲尼是圣贤吗?"子贡说："是。"齐景公问："仲尼有多贤能呢?"子贡说："不知道。"齐景公说："你知道他贤能却这样说，讲得通吗?"子贡说："现在说天很高，无论大人小孩、愚者智者，都知道天高，高多少？都说不知道。因此说知道仲尼贤能，却不知道他怎样贤能。"

【感悟】子贡对孔子思想的弘扬贡献较大，他不仅口才极好，而且对孔子的感情真挚。老师去世后，别的弟子守孝三年，子贡则在三年之后又守孝三年，共六年。

12.29 子曰："巍巍乎！舜、禹之有天下而不与焉。"

【译文】孔子说："崇高啊！舜和禹统治天下而不参与国家具体事务。"

【感悟】舜禹治理天下，是贤臣执政。如果你的手下都是德才兼备的人，那么还需要自己动手吗?

12.30 孔子不王，素王之业在于《春秋》。

【译文】孔子没有当上君王，素王的业绩反映在《春秋》上。

【感悟】孔子完全能推翻任何一个国家政权，取而代之，但他绝不这样做。为什么呢？他认为这样，不是千秋万代的事业。影响得悠久而博大，不在于权力，而在于文化与教育。后来儒家称誉孔子为"素王"，这是真正的王。

12.31 孔丘、墨翟无地而为君，无官而为长，天下丈夫女子莫不延颈举踵而愿安利之。

【译文】孔子、墨子没有土地却成为君主，没有官职却成为官长，天下人莫不伸脖踮脚盼望他们，希望得到安定和帮助。

【感悟】所谓“素王”，是没有土地、没有人民，只要人类历史文化存在，他的王位的权势就永远存在。佛教中称释迦牟尼为“空王”，也是同样的道理。

【点睛之笔】

心有《春秋》，人应该如何活着

孔子为何要编写《春秋》？“诗既亡，春秋作。”“诗既亡”是创作《春秋》的时代背景。自从周幽王烽火戏诸侯、平王东迁洛邑以来，周天子成为一块“牌匾”，被各诸侯国当成“饰品”。这个时代就是“乱”！

春秋时，各国用“风、雅、颂”的形式记载政治文化活动。风诗具有政治谏议功能，因此各国设有采风官，采集民风供统治者借鉴，形成了采风制度。而今采风制度消失，国风没有了。诸侯不去朝拜周天子，天子没有诸侯可宴请，大雅小雅没有了。时逢乱世，宗庙没人管理，谁也不去祭拜祖宗，颂也没有了。

“风、雅、颂”之消亡，诗歌的精神随之消亡。这就是“诗既亡”。那时候，君不像君，臣不像臣，父不像父，子不像子，“四不像”。孟子说，世道衰微，邪说暴行遍野，臣弑君、子杀父的忤逆事件层出不穷。对此，孔子非常忧愤，便编写了《春秋》。

公道来说，《春秋》不是一部非常客观的历史。史书必须秉笔直书，正就是正，邪就是邪，历史真相不容歪曲，不能掺杂个人情感。但孔子不必拘泥于此，因为他是圣人，他有这个资格！

孔子编写的《春秋》，其中最重要的一条，他不仅是为记录这一段历史，而更是要把他要褒扬和抨击的东西，写在里面；要把善良和丑恶的区分开来，写在里面。因而《春秋》一经出炉，“乱臣贼子惧”。为何“惧”？因他们的丑恶行径，将从此被钉在历史的耻辱柱上！

孔子记录《春秋》采用的手法，是著名的“春秋笔法”，一字定褒贬！用最简洁的、表面上很平淡的文字，寥寥几笔，对历史事件和人物作出结论。如“杀人”这种事，大臣杀害君主，用“弑”；杀无罪的人，用“杀”；杀有罪的人，用“诛”。一字之别，义则不同。

孔子借用《春秋》表达出来的对社会现实问题的见解，以及通过遣词用字体现出的褒贬书法，寄托出的社会理想，被称为“春秋大义”，或“微言大义”。如“郑伯克段于鄢”，一个“克”字，饱含孔子的爱憎！哥哥打败弟弟，用“克”，说明哥不是哥，弟不是弟，形同两国！称“郑伯”，则讽刺哥没教好弟；称弟弟“段”，说明不像弟弟。可见，“微言大义”的义理有多深！

“俯仰不愧天地，褒贬自有春秋。”春秋，不仅是孔子定下来的是非善恶标准，它更是一种民族精神，一种崇高信念，因此必将一直流传下去。

每个人，只要秉承为公的思想，明是非善恶，为人正直坦荡，抬头无愧于天，低头无愧于人，就能以《春秋》为借鉴，成为时代有用的人。

第 13 篇　刑教

导读：出土的竹书表明，传世文献所记载的孔子刑罚言论大体可信。《论语》中的孔子不谈刑罚，这是编纂者为保持他的至纯的仁者形象，而刻意舍弃了其关于刑罚的语录。本篇弥补了《论语》刑教思想的不足。主要内容取自《尚书大传》、《汉书》、《后汉书》等。

13.1　仲弓问古之刑教与今之刑教。子曰："古之刑省，今之刑繁。其为教，古有礼然后有刑，是以刑省；今无礼以教，而齐之以刑，刑是以繁。"

【译文】仲弓向孔子请教古今刑罚教化的问题。孔子说："古代的刑罚较少，现在的较多。在教化百姓方面，古代先用礼仪规范民众的行为，然后才用刑罚，所以刑罚少；现在不以礼仪来教化百姓，而用刑罚来规制他们的行为，刑罚就多。"

【感悟】孔子刑教思想，首先是阐明教育的重要性。民众是需要教育的，采取什么样的方法很重要。提倡有效的教育，如果仅为教育而教育，则效果就不会好。

13.2　子曰："古之听民者：察贫穷，哀孤独矜寡，宥老幼不肖无告。有过必赦，小罪勿增，大罪勿累。"

【译文】孔子说："古代断案的人：体察贫穷，怜悯鳏寡孤独、老弱穷苦等无依无靠的人，他们犯了过错不予追究，犯了小罪不给加刑，犯了大罪也不累及生命。”

【感悟】古与今只是一个比方，也就是说，刑教既要考虑法律的严肃性，也要照顾到合理合情。“情理法”是辩证统一的，一味重法，不顾及情与理也不行。

13.3 子曰：“今之听民者，求所以杀之。古之听民者，求所以生之。不得其所以生之之道，乃刑杀，君与臣会焉。”

【译文】孔子说：“当今的断案者，总是寻求处死罪犯的理由。古时的断案者，却是研究如何挽救犯罪。实在没办法挽救时，才考虑刑杀，这是君主和臣民的共识。”

【感悟】古往今来很多案例表明，严刑峻法并不能制止犯罪。朱元璋打击贪腐行为的刑罚不谓不重，但明朝的腐败问题并没有得到很好的解决。孔子的法治思想，是一种更高的境界。

13.4 子曰：“古之于盗，恶之而不杀也。今不先其教而一杀之，是以罚行而善不反，刑张而罪不省。夫赤子知慕其父母，由审故也，况乎为政?”

【译文】孔子说：“古时对偷盗行为，虽讨厌但不处以死刑。现在不先教化而是一概处死，是惩罚了罪行却不能弘扬善行，扩大了刑罚却没有减少犯罪。初生的婴儿知道依恋父母，更何况是治国理政呢?”

【感悟】社会风气的好坏，在于如何实行教化。正如晏子说的，淮南的橘树移植到淮北就变为枳树，又甘又甜的果实变成又苦又涩的枳子，这说明环境对于人的成长非常重要。

13.5 子张曰：“古之知法者与今之知法者异乎?”子曰：“古之知法

者能远狱，今之知法者不失有罪。不失有罪，其于怨寡矣。能远于狱，其于防深矣。寡怨近乎滥，防深治乎本。”

【译文】子张说：“古时知法者和现在知法者有何不同?”孔子说：“古时知法者能远离狱讼，现在知法者只做到不放任百姓犯罪。不放任百姓犯罪，就缺乏宽仁之道。能远离狱讼，其预防就很深到。缺乏宽仁之道和放任自流差不多，预防深到才能从根本上进行治理。”

【感悟】孔子认为，法治的要旨在于远离犯罪，而做到这一点在于预防，可见预防犯罪的重要性。预防犯罪的方法在于教育，可见，实行宽仁之道无疑是教育的主要内容。

13.6 子曰：“古之知法者能省刑，本也；今之知法者不失有罪，末矣。”

【译文】孔子说：“古时知法者能减少刑罚，是得了法律精神的根本；现在知法者只要有罪就不放过，这是法律精神的枝叶糟粕。”

【感悟】这个论断很精辟。“省刑”是法治的主要精神，刑罚的目的是为了减少犯罪，但更重要的是为了防止犯罪。制止不是目的，防止才是目的。

13.7 鲁有父子讼者，康子欲杀。子曰：“未可杀也。夫民父子讼之为不义久矣，是则上失其道，上有道，是人亡矣。”讼者闻之，请无讼。

【译文】鲁国有父子打官司，季康子想杀掉他们。孔子说：“不能杀，百姓好久不知道父子打官司是不义行为，这说明上边行事失去了道义。假如施政者以身作则，这种现象就会消失。”这对父子听说后，撤销了诉讼。

【感悟】孔子说：“不教而诛谓之虐。”没有施行道德教化，没有弘扬法治精神，就擅举刑杀大旗，是为暴虐、暴政。

13.8 子曰：“听讼虽得其指，必哀矜之。死者不可复生，绝者不可复续也。《书》曰：‘哀矜折狱。’”

【译文】孔子说：“处理案件时，即使获取了犯罪实情，也必有慈悯之心。要知道死了不能复生，折断的不能再续。《尚书》中说：‘怀着慈悯之心办理案件。’”

【感悟】这里有两层意思：一是对犯罪的人要怀有慈悯之心，二是断案要慎重，如果稍微不慎，就像棍子折断一样不可以再续。这是很重要的法治原则，没有怜悯心的法官，不是好法官；不慎重量刑的法官，是暴虐的法官。

13.9 子曰：“君子之于人也，有不语也，无不听也，况听讼乎？必尽其辞矣。夫听讼者，或从其情，或从其辞。辞不可从，必断以情？”

【译文】孔子说：“君子和别人交往，有不说的话，却没有不听的话，何况是断案呢？他一定会认真听完双方的讼词。审理诉讼，有的是根据实情来断案，有的是根据口供来断案。口供不可信，就根据实情来决断。”

【感悟】做任何事情，关键在于掌握实情。没有调查就没有发言权，更没有决断权。断案更应如此，如果随意臆断，那就是葫芦僧乱判葫芦案，乔太守乱点鸳鸯谱，就会错得离谱。

13.10 子如卫，人谓曰：“公甫不能听讼。”子曰：“非公甫不能听讼也。公甫之听讼也，有罪者惧，无罪者耻。民近礼矣。”

【译文】孔子到了卫国，有人说：“公甫不会断案。”孔子说：“不是公甫不能断案。他断案时，有罪的人非常害怕，无罪的人觉得羞愧。人民离礼就更近了。”

【感悟】公甫是鲁国大夫，善能断案。但是，他断案出名的不是他的权术和手段，而是一种因公平正义而产生的威慑力。有罪的人害怕没什么，无罪的人感到羞愧，这就很难了，这值得当今断案者学习。

13.11 子曰:“齐之以礼，则民耻矣；刑以止刑，则民惧矣。”

【译文】孔子说:“用礼法来统一行为，百姓就懂得羞耻；用刑罚来制止百姓犯罪，他们只懂得害怕。”

【感悟】《论语》中有:“道之以政，齐之以刑，民免而无耻；道之以德，齐之以礼，有耻且格。”这两者思想是一致的，核心是用礼来规范约束人，以刑来作为规制手段。

13.12 子曰:“夫无礼则民无耻，而正之以刑，故民苟免。”

【译文】孔子说:“不讲礼仪百姓就不知有耻，只用刑罚来匡正百姓的行为，他们只能暂时避免犯罪。”

【感悟】这个礼，不仅指礼仪，应包括道德和法律约束、礼仪交往，以及文化精神等。人做了错事，不知道错在哪里，这样内心就不会自责，还会重蹈覆辙。

13.13 子曰:“以礼齐民，譬之于御，则辔也。以刑齐民，譬之于御，则鞭也。执辔于此而动于彼，御之良也。无辔而用策，则马失道矣。”

【译文】孔子说:“用礼法来统一百姓行为，用驾车打比方的话，礼法就像缰绳。用刑罚来规制百姓行为，用驾车打比方的话，刑罚就像马鞭。手执缰绳控制马的前进，是高明的驾车者；不靠缰绳而靠鞭打的话，马车就会翻车。”

【感悟】马缰和马鞭论很精辟。在孔子看来，道德教育、礼仪教化、文化建设始终是第一位的，刑罚是为实现这些目标服务的。如果将刑罚作为社会建设的主导，那就是本末倒置。

13.14 子曰:“吾闻古之善御者，执辔如组，两骖如舞，非策之助也。是以先王盛于礼而薄于刑，故民从命。今也废礼而尚刑，故民弥暴。”

【译文】孔子说:“我听说古时擅长驾车的人，手执缰绳就像拿丝带一样轻松，马跑起来如舞姿一样轻快，这不是依靠马鞭子的帮助。因而，古时明君都崇尚礼法而轻用刑罚，因此百姓都乐意服从。现在废弃礼法而崇尚刑罚，因此百姓变得更加凶暴。”

【感悟】驾驭这个国家和社会，需要高明的技术。高明者崇尚文化建设，以德治国，社会就会互相融合，减少矛盾。如果一味用刑，以暴制暴，那么社会就会日益混乱。

13.15 子曰：“兴其贤者而废其不贤，以化民乎！知审此二者，则上盗息。”

【译文】孔子说：“任用贤良而废弃不贤的人，以此来教化百姓！能做到此两者，偷盗行为就会止息。”

【感悟】用人与偷盗行为有什么联系呢？小人当权，势必政局混乱，某些人大者窃国，小者窍钩。为政风气带动社会风气，正如孔子说过的“君子之德风，小人之德草”，风之所至，草木必有所动。

13.16 子曰：“君子庄敬日强，安肆日偷，君子不以一日使其躬儳[1]焉，如不终日。”

【译文】孔子说：“君子端庄恭敬，所以道德日益显著；如果耽于安乐，放肆无检，就会日益苟且偷安。君子一天也不让自己的所作所为被人瞧不起，如同小人的无礼而惶惶不可终日。”

【感悟】代表社会主流或精英的人群，他们的社会影响最大，如果他们崇尚奢华，那么奢靡之风就会在全社会传播，这个社会就会走向没落。

13.17 子曰：“吴越之俗，男女同川而浴，其刑重而不胜，由无礼

① 儳［chàn］：苟且，不严肃。

也。中国之教，内外有分，男女不同椸[①]架，不同巾栉，其刑重而胜，由有礼也。”

【译文】孔子说：“吴越两地风俗相同，男女可在同一条河中洗澡，那里的刑罚很重却不能制止犯罪，是因为礼教不行。中原的教化不同，内外有别，甚至男女不能使用同一个衣架，或者是同一条毛巾或木枕，那里刑罚很重却能制止犯罪，这是礼教之故。”

【感悟】春秋时，中原地区代表文化正统，代表先进生产力的前进方向。吴越之地，处于道德开化的时代，没有那么多礼仪文化，因而刑罚过重却不能减少犯罪。

13.18 《书》曰：“兹殷罚有伦。”子张问曰：“何谓也？”子曰：“不失其理之谓也。今诸侯不同德，每君异法，折狱无伦，以意为限，是故知法之难也。”

【译文】《尚书》中记载：“治理殷人的刑法有条理。”子张问：“这是什么意思？”孔子说：“就是不失掉刑法本身之理。现在各国诸侯心意不一，法令各异，断案无序，只图满足己意，因此说明知晓法令之难啊。”

【感悟】春秋时候，各个诸侯国就是一个个小国家，政令不同，法治不同，各种法律法令满天飞，都是凭着统治者的意志行事，虽有法令之名，却无法治之实。

13.19 子曰：“晋其亡乎！失其度矣。夫晋国将守唐叔之所受法度，以经纬其民，卿大夫以序守之。民是以能尊其贵，贵是以能守其业。贵贱不愆，所谓度也。”

【译文】孔子说：“晋国要灭亡了！它失去法度了。晋国应遵守唐叔所传

① 椸［yí］：衣架。

授的法度，使百姓遵守秩序，卿大夫守职维护。人民才会尊敬达官贵人，他们才能守住基业。贵贱没有错乱，这就是法度。”

【感悟】鲁昭公二十九年冬，晋国把刑律铸在铁鼎上，激怒了孔子。这是那个时代的爆炸性新闻，更是影响中国历史的大事件。这个问题的是非，历史自有公论。孔子坚守的，还是国家不应将刑律作为治国的主要手段，若是没有德治的社会，那么就是制定再多的刑律也没用。

13.20 子曰：“管仲任法，身死则法息，严而寡恩也。若管仲之知，足以定法；材非管仲而专任法，终必乱成矣。”

【译文】孔子说：“管仲用法治国，他死了法令也被废止，是因为对百姓严苛并缺乏恩惠。像管仲那样的智慧，能够施行善法，才能不如管仲而仅仅用法治国，最终一定造成政治败坏。”

【感悟】孔子举了个例子，管仲严于法治，身死之后人亡法息，由此说明仅仅依靠以法治国是不够的。

13.21 子曰：“智者见变思刑，愚者睹怪讳名。”

【译文】孔子说：“智者看到了变化的世情就要考虑法度的准确性，愚者见了奇异的事物就会回避不提。”

【感悟】任何规章制度都要与时俱进，这样才能切合实际。

13.22 鲁人烧积泽，天北风，火南倚，恐烧国。哀公自将众趋救火者，左右无人，尽逐兽而火不救。乃召问仲尼。子曰：“夫逐兽乐而无罚，救火者苦而无赏，此火之所以不救也。”哀公曰：“善。”子曰：“事急，不及以赏；救火者尽赏之，则国不足以赏于人。请徒行罚。”乃下令曰：“不救火者，比降北之罪；逐兽者，比入禁之罪。”令下未遍，而火已救矣。

【译文】鲁人放火烧草木丛生的沼泽，偏偏天刮北风，火势向南蔓延，眼看国境将要被波及。鲁哀公带领众人去督促救火，但他身边没有一个人了，人们都去追逐野兽而不愿救火。哀公召来孔子询问。孔子说："驱赶野兽任务轻松又不会受到责罚，救火不但辛苦危险，又没有奖赏，所以没有人愿意救火。"哀公认为有理，说："对呀!"。孔子又说："事急来不及行赏，再说凡是参与救火的人都有赏，那么把鲁国拿来也不够奖赏救火的人。事到如今，只好下令将不救火者一律论罪。"于是鲁哀公下令："凡是不参与救火者，和战败降敌的人同罪；只驱赶野兽者，与擅自闯入禁地的人同罪。"命令还未传遍，而大火已被扑灭。

【感悟】孔子也不是迂腐的人，否则就不能成为圣人了。在漫天大火、救火的人纷纷去追逐利益的时候，这时给他们讲仁义道德是行不通的。通变很关键，这就是孔子。

13.23 闵子骞为费宰，问政于孔子。子曰："以德以法。夫德法者，御民之具，犹御马之有衔勒也。君者，人也；吏者，辔也；刑者，策也。夫人君之政，执其辔策而已。"

【译文】闵子骞任费地长官时，问孔子治理之道。孔子说："用德政和法制。德政和法制是治理民众的工具，就好像驾驭马用勒口和缰绳一样。国君好比驾马的人；官吏好比勒口和缰绳；刑罚好比马鞭。君王执政，只要掌握好缰绳和马鞭就可以了。"

【感悟】孔子并非一味强调德治，实际上德政和法制两位一体，都是治理民众的工具，好像是驾驭马匹的缰绳和鞭子，缺一不可。如何拿好绳子和鞭子，关键看操作的人。

13.24 巫马旗短褐衣弊裘而往观化于亶父，见夜渔者，得则舍之。巫马旗问焉，曰："渔为得也，今子得而舍之，何也?"对曰："宓子不欲人之取小鱼也。所舍者小鱼也。"巫马旗归，告孔子曰："宓子之德至矣，使民暗行若有严刑于旁。敢问宓子何以至于此?"子曰："丘尝与之言曰：

‘诚乎此者刑乎彼。’宓子必行此术于亶父也。”

【译文】巫马旗穿着粗劣的衣服和破旧的皮衣，到亶父去观察施行教化的情况，看到夜里捕鱼的人，得到鱼就扔回水里。巫马旗问他说：“捕鱼是为了得到鱼，现在你得到鱼却把它扔回水里，这是为什么？”那人回答说：“宓子不想让人们捕取小鱼，我扔回水里的都是小鱼。”巫马旗回去后，告诉孔子说：“宓子的德政好极了，他能让人们在黑夜中独自做事，就像有严刑在身旁一样。请问宓子是用什么办法达到这种境地的？”孔子说：“我曾经跟他说过：‘依靠人民的道德自觉而不能单纯施用刑罚。’宓子一定是在亶父实行了这个主张。”

【感悟】其中含有三层意思：一是政绩的考核，要注重实际调查，不可光听为政者一面之词；二是良好的治理主要是信用问题，为政者讲信用，百姓就讲信用，治理就有成效；三是依靠民众的道德自觉很重要，所以要重视教化的作用。

13.25 子曰：“君子慎以辟祸，笃以不揜[①]，恭以远耻。”

【译文】孔子说：“君子用谨慎行事来避免灾祸，用道德笃厚来避免受窘，用恭以待人来远离耻辱。”

【感悟】如果一个人能做到处事谨慎，行为笃厚，恭敬待人，那么还有什么事情不能办成？

13.26 子张曰：“尧舜之主，一人不刑而天下治，何则？教诚而爱深也。”

【译文】子张问：“尧舜之世，不杀一人而天下大治，什么原因呢？是教民有诚心，爱民之心深厚。”

① 揜［yǎn］：通“掩”，捕取，袭取，遮蔽。

【感悟】这是刑教篇的落脚点。天下大治的核心，是官民融洽为一体，鱼水深情，如果“双民”做得好，即诚心教育人民和真心热爱人民，那么天下哪能不会归心呢？国家哪能不会有向心力呢？

【点睛之笔】

循法自律，谁也不要为混乱的秩序买单

如果说法治渊源，老祖宗不会给我们丢脸，至少在春秋时期，法制建设已具很高水准，其中最著名的当数法家。

法家的始创人物是战国前期的李悝、商鞅、申不害等，集大成者为韩非子。法家三派中，商鞅重“法”，申不害重“术”，慎到重“势”。法是根本，是原理；术是技巧，是策略；至于势，是趋势，是大势。

韩非子集法家思想之大成，将“法、术、势”三者糅合为一，又吸收道家思想，将法治理论系统化。他主张加强君主集权，剪除私门势力，“以法为教”，厉行赏罚，奖励耕战。法家学派的法治理论对秦始皇统一六国，建立中央集权制起了重大的作用。

实际上，孔子的法治思想也很丰富。他提倡德治和法治并重，德治是基础，法治是手段。他主张要先教而后刑，反对“不教而诛”。他倡导恤刑，孤寡老弱即使犯了法，也应怜悯。他提出了量刑原则及程序。他指出“无讼”是最高境界，做到有刑而不用、无刑而民不违：“听讼，吾犹人也。必也使无讼乎！”

不管是法治还是礼治，最终的背后是人，实施的效果要看制度和机制。再好的制度和机制，若没有人来贯彻实施，最终还是一纸空文。但人不能由个人爱好来实施制度，必须将人的主观感性，置于制度和机制的约束下。这也是近现代提倡的民主和法制并行的思想。

新中国成立之初，在法治建设的认识方面曾走过一段弯路。在某些人

看来，“法律这个东西没有也不行，但我们有我们这一套”，就是人治的一套。“到底是人治还是法治？看来实际上靠人，法律只能做办事参考。党的决议就是法。”“我们基本上不靠那些（注：宪法），主要靠决议、开会。”

一个社会法制不健全、法治不落实，就容易引起社会混乱，而每个人就要为混乱的社会秩序买单。“十年浩劫”的惨痛教训表明，抓好民主和法制建设，是多么重要。

重温孔子的法治思想，我们看到道德教化对国家的重要性，人的素质提高了，遵纪守法的意识就提高，人的自律精神就提高。这个社会最缺乏的就是人的自律精神。人不能自律，是因为好的得不到褒扬，不善者得不到惩罚，总是不善者得利，人就逐渐丧失了自律精神。

自律的精神从哪里来？自律精神的培育，既有社会的规制，也要从教育上来提升，从教化上来完善，从表率上来感化，使每个人不为指责别人为荣，为自己未能自律而羞耻。

如是，则社会秩序就会日益好转，这样每个人再不用为混乱的社会秩序买单了！

第 14 篇　颜回

导读：颜回（公元前 521—公元前 481 年），字子渊，春秋鲁国人，为孔门七十二门徒之首，十哲中德行科第一，被称为“复圣”。在众多弟子中，孔子对他称誉最多，以仁人相许。他品行崇高，但记述分散。本篇专述颜回，或为传记。主要内容选自《孔子家语》、《论衡》、《庄子》等。

14.1　颜回曰：“人善我，我亦善之。人不善我，我亦善之。”

【译文】颜回说：“别人善意待我，我也用善意待他；别人用不善待我，我也以善意待他。”

【感悟】如何对待别人？并不因为别人对我不好就不善待他，颜回的“爱”才是“大爱”啊！

14.2　子曰：“回有君子之道四焉：强于行义，弱于受谏，怵于待禄，慎于治身。”

【译文】孔子说：“颜回有君子的四种品德：实行德义时坚定，接受劝谏时虚心，接受俸禄时惶恐，立身行事时谨慎。”

【感悟】颜回的“君子四德”，代表了他的主要行止：在思想上要讲求道义；在交往中要广纳人言；在工作中要尽责尽力；在日常行为中要保持恭谨。

14.3 立道仲尼，不可为思矣；术业颜渊，不可为力矣。

【译文】创立学说要像孔子一样，是思想所不能及的；传播圣人事业要像颜渊一样，是力量所不能及的。

【感悟】颜回之所以成名，是因为他做事情锲而不舍、矢志不移、执着追求。

14.4 少正卯在鲁，与孔子并。孔子之门，三盈三虚，唯颜渊不去，颜渊独知孔子圣也。

【译文】少正卯在鲁国与孔子齐名。孔子的门徒几次满堂，几次跑光。只有颜渊不离不弃，唯独他知道孔子是圣人。

【感悟】看人很难，能一下子将圣人看出来更难。这就是颜回与众不同的地方。

14.5 子曰："颜氏之子，其殆庶几乎。有不善未尝不知，知之未尝复行也。"

【译文】孔子说："颜回这年轻人，大概差不多了吧。有过错未尝不知道，知道了从来不会重犯。"

【感悟】这句话出自《易经》，道理与孔子说颜回"不迁怒，不贰过"相同。很多人夸夸其谈、自以为是，却不知道自己的短板，有了短板不知道弥补，最终只能做个平庸人。

14.6 颜回曰："回益矣。"子曰："何谓也？"曰："回忘礼乐矣。"曰："可矣，犹未也。"他日复见，曰："回益矣。"曰："何谓也？"曰："回忘仁义矣。"曰："可矣，犹未也。"他日复见，曰："回益矣。"曰："何谓也？"曰："回坐忘矣。"仲尼蹴然曰："何谓坐忘？"颜回曰："堕肢体，黜聪明，离形去知，同于大通，此谓坐忘。"子曰："同则无好也，化

则无常也，而果其贤乎！丘也请从而后也。”

【译文】颜回说：“我进步了。”孔子问：“哪方面？”颜回说：“我忘却礼乐了。”孔子说：“好啊，不过还不够。”他日又见孔子说：“我又进步了。”孔子问：“哪方面？”颜回说：“我忘却仁义了。”孔子说：“好啊，不过还不够。”他日又见孔子说：“我又进步了。”孔子问：“哪方面？”颜回说：“我坐忘了。”孔子惊奇地问：“什么叫坐忘呢？”颜回说：“我通过废除肢体，停止思想，开窍而去真正感知宇宙，从而与大道浑然一体，这就叫‘坐忘’吧。”孔子说：“与万物同一就没有偏好，顺应变化就不执滞常理。你真的成了贤人！我也希望步你的后尘。”

【感悟】这一节可称为“颜回悟道”，他悟个什么？“坐忘”。“坐忘”的境界是天人一体，人与自然和谐的最高状态。与佛家的“开悟说”一样，开悟了还要西游修正，才能像孙悟空一样成佛。

14.7 颜渊将西游于宋，问于孔子曰：“何以为身？”子曰：“恭敬忠信而已矣。恭则远于患，敬则人爱之，忠则和于众，信则人任之。勤斯四者，可以政国，岂特一身者哉？”

【译文】颜渊将游学于宋国，行前向孔子请教说：“我应该靠什么来立身处世呢？”孔子说：“做到恭敬忠信就可以了。为人谦恭则远离祸害，对人尊敬则得到人爱，对人忠实则与人和睦，待人诚信则得到任用。努力做到这四点，就能够治理国家，哪里仅仅是立身处世呢？”

【感悟】孔子讲了“立身四要”：恭敬忠信，体现了修身齐家的基本要义。与人交往，首先是要完善自我，这样才能感化别人。

14.8 颜回问于孔子曰：“成人之行若何？”子曰：“达于情性之理，通于物类之变，知幽明之故，睹游气之原，若此可谓成人矣。既能成人，而又加之以仁义礼乐，成人之行也。若乃穷神知礼，德之盛也。”

【译文】颜回问孔子说："完美的人的德行是怎样的？"孔子说："通达人类本性的原理，通晓各类事物的变化，了解各种物象产生的缘故，洞察风云变化的根源，像这样就可称为完美的人。既成为完美的人，再施以仁义礼乐来教化，这就是完美的人的德行。至于能穷尽事物变化的本质，即达到了德行的极点。"

【感悟】如何做一个完美的人？孔子讲了四点，概括起来就一个字：知。人要有自知之明，只有能了知自身的长短，才能客观科学地看问题，才能深入了解事物的真相。

14.9 **子曰："回之为人也，择乎中庸，得一善，则拳拳服膺弗失之矣。"**

【译文】孔子说："颜回就是这样一个人，选择了中庸之道，得到了好处，就牢牢地把它放在心上，再也不失去。"

【感悟】寻找目标、树立目标很重要，而目标有一个筛选的过程，一旦确立了，就要扎扎实实去落实，这样就能事半功倍。

14.10 **颜渊问于孔子曰："渊愿贫如富，贱如贵，无勇而威，与士交通，终身无患难。亦且可乎？"子曰："善哉回也！夫贫而如富，其知足而无欲也；贱而如贵，其让而有礼也；无勇而威，其恭敬而不失于人也；终身无患难，其择言而出之也。若回者，其至乎！虽上古圣人，亦如此而已。"**

【译文】颜渊对孔子说："我希望穷人要像富人一样自尊，位卑者要像高位者一样自爱，无勇者要威武不屈。只要与读书人交往，一辈子也不会遭到磨难，可这样说吗？"孔子说："说得好！穷人像富人一样自尊，他不但知足而且没有贪欲；位卑者像高位者一样自爱，他不但为人谦让而且有礼仪；无勇者懂得威武不屈，他不但为人谦恭而且不肯失去人格。若想一辈子不遇灾难，说话时要把住慎言这一关。像颜回就可做到了！即使是上古圣人，也不过如此。"

【感悟】颜回讲出了人生处世的重要道理，就是要自尊、自爱、自强。“天行健，君子以自强不息；勇提升，为人须自我超越。”

14.11 孔子晨立堂上，闻哭者声音甚悲，孔子援琴而鼓之，其音同也。孔子出，而弟子有咤者，问：“谁也?”曰：“回也。”子曰：“回何为而咤?”回曰：“今者有哭者其音甚悲，非独哭死，又哭生离者。”子曰：“何以知之?”回曰：“似完山之鸟。”子曰：“何如?”回曰：“完山之鸟生四子，羽翼已成乃离四海，哀鸣送之，为是往而不复返也。”孔子使人问哭者，哭者曰：“父死家贫，卖子以葬之，将与其别也。”

【译文】孔子清晨立在堂上，听到十分悲伤的哭声。孔子拿琴弹奏，琴声和哭声相和。孔子弹完琴出去，弟子中有人发出叹息的声音。孔子问：“谁在叹息?”回答说：“是颜回。”孔子说：“颜回，你为何叹息?”颜回说：“刚听到有人的哭声十分悲伤，看来不只是哭死去的人，还在哭别离的人。”孔子说：“凭什么知道呢?”颜回说：“哭声像完山之鸟的声音。”孔子说：“什么样呢?”颜回说：“完山之鸟，生育四子，孩子羽翼丰满后，就离开母鸟飞到远方。母鸟发出哀鸣为孩子送行，因为孩子走后就不再回来了。”孔子派人去问哭的人。那人说：“我父亲死了，家贫无钱埋葬，只好卖掉孩子来埋葬父亲，现在将要和孩子分别。”

【感悟】能够听声音并不难，难的是听声音者能辨别，除了具有超人的天赋外，更重要的是颜回具有悲天悯人的情怀，心有所思，才有所感。

14.12 或曰：“请问屡空之内?”曰：“颜不孔，虽得天下不足以为乐。”“然亦有苦乎?”曰：“颜苦孔之卓之至也。”或人瞿然曰：“兹苦也，祇其所以为乐也与?”

【译文】有人问：“请问颜回经常穷困，为何能内在快乐?”答：“颜回如果不能向孔子学习，即使得到天下也不会快乐。”“他也有苦恼吗?”答：“他的苦恼在于孔子的道德学问高到极点，学也学不到家。”那人惊喜地说：“这种苦，正是颜回之所以快乐的原因吧？”

【感悟】什么叫追求？追求就是对自己锁定的目标去努力争取。颜回的追求，就是如何使身心获得最大的快乐和满足，别人当作是苦，圣者却其乐无穷。

14.13 孔子谓颜回曰：“回，来！家贫居卑，胡不仕乎？”颜回对曰：“不愿仕。回有郭外之田五十亩，足以给飦[①]粥；郭内之田十亩，足以为丝麻；鼓琴足以自娱，所学夫子之道者足以自乐也。回不愿仕。”孔子愀然变容曰：“善哉回之意！丘闻之：‘知足者不以利自累也，审自得者失之而不惧，行修于内者无位而不怍。’丘诵之久矣，今于回而后见之，是丘之得也。”

【译文】孔子对颜回说：“颜回过来！你家贫处微，为何不去做官呢？”颜回回答说：“我无意求官。城郭外我有五十亩地，足以供给我食粮。城郭内我有十亩地，足够用来种麻养蚕。拨动琴弦足以使我欢娱，学习先生所教给的道理足以使我快乐。因此我无意求官。”孔子深受感动改变面容说：“你的心愿实在好！我听说：‘知足的人不会因利禄而受累，安闲自得的人明知失去什么也不会焦虑，注意内心修养的人没有职位也不会惭愧。’我吟咏这话很久了，如今在你身上才真正看到了它，这是我的收获呢。”

【感悟】世俗的见解，是人应通过当官或赚钱等手段，来经营内心，获得物质上的满足。而一个境界高的人，则是安贫乐道，随遇而安，追求身心的快乐和满足。因此说，道路不同，获得的愉悦享受就不同。

14.14 孔子穷乎陈、蔡之间，藜羹[②]不斟，七日不尝粒。昼寝。颜回

---

① 飦［zhān］：古同“饘”，指稠的粥。

② 藜羹［lí gēng］：用藜菜作的羹，泛指粗劣的食物。

索米，得而爨[1]之，几熟，孔子望见颜回攫其甑[2]中而食之。选间，食熟，谒孔子而进食。孔子佯为不见之。孔子起曰："今者梦见先君，食洁而后馈。"颜回对曰："不可。向者煤炱[3]入甑中，弃食不祥，回攫而饭之。"孔子叹曰："所信者目也，而目犹不可信；所恃者心也，而心犹不足恃。弟子记之：知人固不易矣。"

【译文】孔子被困在陈国和蔡国之间，只能吃些没有米粒的野菜，七天没吃到粮食。孔子白天睡觉。颜回讨到米后做饭，饭快熟了，孔子望见他抓取锅里的饭吃。一会儿饭做好了，颜回向老师献上饭食，孔于装着没看见颜回抓饭吃，起身说："今天我梦见了先君，把饭食弄干净了先祭祀吧。"颜回回答说："不行。刚才烟尘掉到锅里，扔掉沾着烟尘的食物不吉利，我抓出来吃了。"孔子叹息着说："所相信的是眼睛，可是眼睛看到的还是不可信；所依靠的是心，可是心里揣度的还是不足以依靠。学生们记住：了解人本来就不容易呀。"

【感悟】天下最难把握的是人心，即使是同甘共苦、朝夕相处的师友，也还有不能互相了解的地方。"周公恐惧流言日"，看人难，识别人更难！

14.15 颜回曰："良玉度尺，虽有十仞之土，不能掩其光；良珠度寸，虽有百仞之水，不能掩其莹。"

【译文】颜回说："一尺长的美玉，即使在七八丈的泥土下，也不能掩盖其光彩；一寸大的珍珠，即使在七八十丈的深水下，也不能遮住其晶莹。"

【感悟】人的自身品德，是不能被外部景象所掩盖的。只要自身修养到家，即使是藏之于深山，也依然会有人愿意三顾茅庐，寻找你于渭水之滨。

14.16 颜渊曰："愿得明王圣主为之相，使城郭不治，沟池不凿，阴

① 爨［cuàn］：烧火煮饭。
② 甑［zèng］：古代蒸饭的一种瓦器。
③ 炱［tái］：烟气凝积而成的黑灰。

阳和调，家给人足，铸库兵以为农器。”

【译文】颜回说：“我希望遇见明君并做他的助手，即使不构筑城郭工事，不开凿护城河流，也要让阴阳调和，家家丰裕，人人富足，把仓库里的兵器化铸成农具。”

【感悟】这是颜回所追求的最高人生理想。那个时候，不需要猜疑，不需要战争，化干戈为玉帛，化兵器为农具。难怪孔子听后感叹地说，颜回才是真正的圣人！

14.17 颜渊侍坐鲁定公于台，东野毕御马于台下。定公曰：“善哉！东野毕之御也。”颜渊曰：“善则善矣！其马将佚矣。”定公不说[①]，以告左右曰：“闻君子不谮人，君子亦谮人乎?”颜渊退，俄而厩人以东野毕马佚闻矣。定公揭席而起，曰：“趣驾召颜渊。”颜渊至，定公曰：“向寡人曰：‘善哉！东野毕之御也。’吾子曰：‘善则善矣！然则马将佚[②]矣。’不识吾子以何知之?”颜渊曰：“臣以政知之。昔者舜工于使人，造父工于使马，舜不穷其民，造父不极其马，是以舜无佚民，造父无佚马也。今东野毕之御，上车执辔，衔体正矣，周旋步骤，朝礼毕矣，历险致远，马力殚矣，然犹策之不已，所以知佚也。”定公曰：“善。可少进乎?”颜渊曰：“兽穷则啮，鸟穷则啄，人穷则诈。自古及今，穷其下能不危者，未之有也。《诗》曰：‘执辔如组，两骖如舞。’善御之谓也。”定公曰：“寡人之过矣。”

【译文】颜回陪鲁定公坐在台上，东野毕在台下驾驭马车。定公说：“东野毕的技术很好！”颜回说：“好是好，但他的马将要逃亡了！”定公听了不高兴，对左右说：“我听说君子不中伤别人，是这样吗?”颜回走后不久，管马棚的人报告马逃跑了。定公离座而起说：“马上派车接回颜回！”颜回来了，

① 说：通“悦”，高兴。
② 佚［yì］：通“逸”，逃逸。

定公说："刚才我说：'东野毕的技术很好。'您说：'好是好，但是他的马将要逃亡了！'您是如何知道的?"颜回说："我以政事之理知道的。从前舜知人善任，造父善于驭马，舜不竭尽民力，造父不尽马力，因此，舜时没有因受不了压迫而逃亡的人民，造父手下没有因不服驾驭而逃跑的马。今东野毕驭马，上车时把缰绳勒得太紧，使马身过于挺直，让马左盘右旋、前后进退、缓行快跑耗尽了体力，仍然不停地鞭打它，因而知道必出问题。"定公说："很好，可以进一步说说吗?"颜回说："野兽到了穷途末路，就要咬人；禽鸟到了穷途末路，就会啄人；人穷困到极点，就会相互欺骗。《诗经》上说：'手握缰绳如丝带，车旁两马像跳舞。'指的是善于驾驭马车啊。"定公说："这是我的过错!"

【感悟】有人说，颜回是个书呆子，一个没有建树的人。看了这则故事，我们就知道颜回的独到眼光了，他被尊崇是很有道理的。从驭马这件事中，看出他广博的知识，以及透过现象看本质的高超能力。

14.18 鲁孟献子聘于晋，宣子觞之三徙，钟石之县，不移而具。献子曰："富哉冢!"宣子曰："子之家庸与我家富?"献子曰："吾家甚贫，惟有二士，曰颜回、兹无灵者，使吾邦家安平，百姓和协，惟此二者耳！吾尽于此矣。"客出，宣子曰："彼君子也，以养贤为富。我鄙人也，以钟石金玉为富。"子曰："孟献子之富，可着于春秋。"

【译文】鲁国大夫孟献子受聘于晋国，韩宣子请他喝酒换了三个地方，酒具等不需搬动就都具备好了。献子说："你家很富有。"宣子说："我们谁富?"献子说："我家很穷，只有两个士人，一个叫颜回，一个叫兹无灵的，这两人使我国平安稳定，百姓和睦，就两人而已！我的财富都在这里了。"孟献子走后，宣子说："他是君子，以奉养贤者为富；我是小人，以拥有钟石金玉为富。"孔子说："孟献子的富有，可记载到《春秋》里。"

【感悟】韩宣子很像当今的"土豪"炫富，虽然穿着名牌，锦衣玉食，珠光宝气，极尽奢华，但是掩盖不了其内心的空虚。孟献子仅凭拥有颜回等两位贤人，则足以治国安民，可谓真富矣。如今的执政者，能从中得到什么启示呢？

14.19 颜渊曰："知者自知，仁者自爱。"

【译文】颜渊说："智者有自知之明，仁者能自尊自爱。"

【感悟】如果能有自知之明和自尊自爱，就是走遍天下都不会有问题。

14.20 颜回问于君子。子曰："爱近仁，度近智，为己不重，为人不轻，君子也夫。"回曰："敢问其次。"子曰："弗学而行，弗思而得，小子勉之。"

【译文】颜回请教什么样的人是君子。孔子说："有爱心就近于仁德，善谋划就近于明智，不要把自己看得太重，把别人看得太轻，这就是君子。"颜回说："略次一等的呢？"孔子说："还没学习就能行动，还没思考就有所得。你好好努力吧！"

【感悟】第一等的君子是有爱心、善谋划，放低自己，看高别人，看似容易，实际上要做到很难。次一等的是想到的就要行动，不要太在乎得失，我们从这方面努力吧！

14.21 仲孙何忌问于颜回曰："仁者一言而必有益于仁智，可得闻乎？"回曰："一言而有益于智，莫如预；一言而有益于仁，莫如恕。夫知其所不可由，斯知所由矣。"

【译文】仲孙何忌问颜回说："仁者一个字也必定有益于仁智的实施，这道理能让我听听吗？"颜回说："如果说有一个字有益于智慧，什么也比不上'预'字；如果说有一个字有益于仁德，什么也比不上'恕'字。明白了不能干什么，也就明白了该干什么。"

【感悟】"预"者有益于智慧，即人凡事都要做好准备和规划；"恕"者利于仁德，即“己所不欲，勿施于人”。这两个字实际上讲目标和方法问题，目标是根本，方法是手段。

14. 22 颜回问小人。子曰：“毁人之善以为辩，狡讦怀诈以为智，幸人之有过，耻学而羞不能，小人也。”

【译文】颜回请教什么样的人是小人，孔子说：“把诋毁别人的优点当作善辩，把诬陷别人、满心欺诈当成聪明，对别人犯有过错幸灾乐祸，把学习看做不光彩的事，却又嘲弄没有能力的人，这就是小人。”

【感悟】小人所拥有的字眼是“诋毁、诬陷、欺诈，不学无术、幸灾乐祸、嘲笑别人”，别人比自己好，就诋毁、诽谤、诬陷；别人比自己差，就洋洋得意、嘲笑别人。

14. 23 颜回问于孔子曰：“小人之言有同乎？君子者，不可不察也。”子曰：“君子以行言，小人以舌言。”

【译文】颜回问孔子说：“小人说的话也有与君子相同的地方，不能不详细地审察。”孔子说：“君子用行动来说话，小人用舌头来说话。”

【感悟】孔子说君子小人，可谓入骨入髓、入木三分：君子用行动来说话，小人用舌头来说话。我们要学习圣人这种高度概括、形象生动的表达能力。

14. 24 回年二十九，发尽白，蚤[①]死。孔子哭之恸，曰：“自吾有回，门人益亲。”

【译文】颜回才二十九岁，头发全白，过早地死去。孔子哭得特别伤心，说：“自从我有了颜回，学生们更加亲近。”

---

① 蚤：通“早”。

【感悟】天总是嫉妒英才！或者说老天爷是不让人得到完美的，孔子这么完美，如果弟子也这么完美，就不完美了。或者，这就叫完美吧。断臂的维纳斯，永远是最美的。

14.25 **颜回曰："夫子之道至大，故天下莫能容。虽然，夫子推而行之，不容何病，不容然后见君子！夫道之不修也，是吾丑也。夫道既已大修而不用，是有国者之丑也。不容何病，不容然后见君子！"**

【译文】颜回说："老师的学说博大到极点，所以没有一个国家能容纳您。虽是这样，老师还是要推行自己的学说，不被天下接受又有何关系呢？不被接受，才显出君子的本色！一个人不研修自己的学说，那才是耻辱。至于大力研修的学说不被人所用，那是当权者的耻辱。不被天下接纳又有什么关系呢？不被接受，才显出君子的本色！"

【感悟】孔子在穷窘当中，弟子们有的怀疑老师的实际能力，但颜回矢志不移，始终坚守老师的德业。有了颜回，孔子先圣何憾之有？

【点睛之笔】

德业垂范，每个人都要做最好的自己

如何做最好的自己？首先要有榜样，有工作标准，说白了就是要有参照系。

孔子非常善于树立榜样。他将最优秀的弟子分为四类：德行方面，颜回、闵子骞、冉伯牛、仲弓做得最好；语言即辩才方面，首推宰予和子贡；政事方面，拔尖者有冉求和子路；文学方面，子游、子夏最佳。

在《西游记》中，那些妖怪喜欢与孙悟空交手，除了他们是妖魔的本性外，还有一方面，就是通过与高手过招来证实自己的能力。因此，参照系越高，你的标准就越高，得到的收益就越多。

在现实生活中，智者永远觉得自己没有做好，愚者总是认为自己做得最好。

李开复老师说过，成功即是价值观、态度和行为的综合，人人都可以成功，每个人都能够选择自己的成功。做最好的自己，就是通过改变态度和行为、改善价值观、提高自我素质来通往成功。

颜回是做最好自己的典型。他听老师讲课终日不倦，能够学以致用，履行仁德持之以恒，始终保持积极向上的进取精神，所以孔子表扬他："惜乎，吾见其进也，未见其止也！"他的信条永远是前进，字典中没有"停止"的字符。

颜回的进步不是建立在痛苦身上，而是充分享受前进途中所带来的快乐。孔子的核心思想是使人得到至上的快乐。这种快乐是在日常工作生活中显现出来的。颜回是彻底领悟老师核心思想的人，才能在贫困中积极向上，哪怕是"一箪食，一瓢饮，在陋巷，也不改其乐"。这种精神，连孔子也高度赞赏。

榜样就是力量。颜回留给后世的宝贵遗产是立德，颜回之德是最不朽的文化遗产。后世称他为"复圣"，便是对其重于立德的肯定。颜回的德业，不是停留在口头上，而是不断进行自我完善，不断进行自我超越，不断提高自己的精神境界。

因此，做最好的自己，必须开拓的是境界，核心要快乐，落实靠自觉，永远不变色，用自信的智慧，启程去实现自己的目标和理想。

世界上不存在完全相同的两片树叶，每个人都是独一无二的。你可根据自己的条件唱歌，按照自己的禀赋绘画，细心地打理属于自己的那片小草地，充分利用大自然和生活赋予你的那件小乐器，演奏出你认为的最优美的生活篇章。

第15篇　遂行

导读：孔子一生中游历很多，早年到周朝首都洛邑访学，问礼于老子。中年因鲁国内乱而到齐国，但不为所用。在鲁国为政时成就辉煌，但被齐国反间计所误，不得不周游列国，以期实现心中理想。故本篇取名“遂行”，不可则行，集中部分孔子游历的相关见闻，主要选自《史记》、《说苑》等。

15.1　孔子遂行，宿乎屯。而师己送，曰：“夫子则非罪。”子曰：“吾歌可夫？”歌曰：“彼妇之口，可以出走；彼妇之谒，可以死败。盖优哉游哉，维以卒岁！”师己反，桓子曰：“孔子亦何言？”师己以实告。桓子喟然叹曰：“夫子罪我以群婢故也夫！”

【译文】孔子离开鲁国，当天在屯地过夜。师己为他送行，说：“您是没有过错的。”孔子说：“我唱一首歌，好吗？”于是唱道：“那些妇人之口，可以把大臣撵走；接近那些妇女，可以使人败事亡身。悠闲啊悠闲，我只有这样安度岁月！”师己返回后，季桓子问他说：“孔子说了些什么？”师己如实相告。桓子长叹一声说：“夫子是怪罪我接受了齐国那一群女乐的缘故啊！”

【感悟】齐国馈赠美女和名马的反间计非常犀利，一下子将孔子打败了。离开祖国总是伤感的，虽有“此处不留爷，自有留爷处”之说，但孔子的歌声何曾不是壮志难酬的伤感啊？

15.2 卫灵公闻孔子来，喜，郊迎。问曰：“蒲可伐乎?”对曰：“可。”灵公曰：“吾大夫以为不可。今蒲，卫之所以待晋楚也，以卫伐之，无乃不可乎?”子曰：“其男子有死之志，妇人有保西河之志。吾所伐者不过四五人。”灵公曰：“善。”然不伐蒲。

【译文】卫灵公听说孔子到来，很高兴，亲自到郊外迎接。他问孔子：“蒲地可以讨伐吗?”孔子回答说：“可以。”灵公说：“我的大夫认为不可。因为现在的蒲是防御晋、楚的屏障，用我们的军队去攻打，恐怕不行吧?”孔子说：“蒲地的男子有誓死效忠卫国的决心，妇女有守卫西河的愿望。我所说要讨伐的，只是四五个领头叛乱的人罢了。”卫灵公说：“很好。”但是没有出兵去讨伐叛乱。

【感悟】卫灵公比较昏庸，他是喜欢将圣人当作狗皮膏药贴在身上炫耀的人，名义上是尊敬贤人，实际又不重用。孔子给他一百条好的建议，他只会贴在脑门上而不会实施。

15.3 卫灵公谓孔子曰：“有语寡人为国家者，谨之于庙堂之上而国家治矣，其可乎?”子曰：“可。爱人者，则人爱之；恶人者，则人恶之；知得之己者，亦知得之人；所谓不出于环堵之室而知天下者，知反之已者也。”

【译文】卫灵公对孔子说：“有人对我说，治理国家只要将政务在朝廷上谋划好了，国家就能治理好，对吗?”孔子说：“对。爱别人，别人就会爱你；恨别人，别人也会恨你；知道依靠自身力量取得成功的，也会知道依靠别人力量取得成功。所谓不出斗室却能了知天下事，说的是反躬自省的道理。”

【感悟】卫灵公想不用干活，就能天下太平，问孔子有没有这方面的药方。孔子说有，关键是你要爱别人、爱贤人，能自我反省。然而这些恰恰是卫灵公永远无法做到的，就算是对牛弹琴吧。

15.4 灵公夫人有南子者，使人谓孔子曰：“四方之君子不辱欲与寡君为兄弟者，必见寡小君。寡小君愿见。”孔子辞谢，不得已而见之。夫人在絺帷中。孔子入门，北面稽首。夫人自帷中再拜，环佩玉声璆然。子曰：“吾乡为弗见，见之礼答焉。”

【译文】卫灵公的夫人南子，派人对孔子说：“各国的君子，凡是愿意与我们国君建立像兄弟一样交情的，必定会来见南子夫人的，夫人也愿意见见您。”孔子开始还辞谢一番，最后不得已去见她。南子坐在葛布做的帷帐中等待。孔子进门后，面朝北叩头行礼。南子在帷帐中拜了两拜，她佩戴的环佩玉器发出了撞击的清响声。事后孔子说：“我本来不愿见她，现在既然见了，就得还她以礼。”

【感悟】卫灵公的夫人南子很有名气，一方面是美丽妖艳出名，一方面是给丈夫戴绿帽出名。她想见孔子，有没有非分之心，只有她自己知道。好在孔子是圣人，办事严格掌握分寸，才让苍蝇叮不到无缝的蛋。

15.5 灵公老，怠于政，不用孔子。孔子喟然叹曰：“苟有用我者，期月而已，三年有成。”

【译文】卫灵公老了，懒于处理政务，也不起用孔子。孔子长叹了一声说：“如果有人用我，一年时间就差不多了，三年则大见成效。”

【感悟】理想再远大，若没有遇到好领导和好时机就很难实现。孔子的治国理政能力很强，他说的一年出成绩、三年见成效的愿景，是能够做到的。

15.6 孔子既不得用于卫，将西见赵简子。至于河而闻窦鸣犊、舜华之死也，临河而叹曰：“美哉水，洋洋乎！丘之不济此，命也夫！”子贡趋而进曰：“敢问何谓也？”子曰：“窦鸣犊、舜华，晋国之贤大夫也。赵简子未得志之时，须此两人而后从政；及其已得志，杀之乃从政。丘闻之也，刳胎杀夭则麒麟不至郊，竭泽涸渔则蛟龙不合阴阳，覆巢毁卵则凤凰不翔。何则？君子讳伤其类也。夫鸟兽之于不义也尚知辟之，而况乎丘哉！”

【译文】孔子得不到卫国的重用，打算西行去见赵简子。到了黄河边，获知窦鸣犊、舜华被杀的消息后，对着黄河感慨地说：“壮美啊黄河水，浩浩荡荡多么盛大，我之所以不能渡过黄河，也是命运的安排吧！”子贡上前问：“请问老师，这话是什么意思？”孔子说：“窦鸣犊、舜华是晋国的贤大夫。当赵简子没有得志时，是依靠他们才得以从政的；等到他得志了，却杀了他们来执掌政权。我听说过，一个地方剖腹取胎杀害幼兽，麒麟就不来到它的郊野；排干了池塘水捕鱼，龙就不调合阴阳来兴云致雨；倾覆鸟巢毁坏鸟卵，凤凰就不愿来这里飞翔。这是为何呢？君子忌讳伤害他的同类。那些鸟兽对于不义的行为尚且知道避开，何况是我孔丘呢！”

【感悟】赵简子叫赵鞅，春秋晋国卿大夫，赵氏孤儿赵武的孙子，杰出的政治家、军事家、改革家，郡县制改革的积极推动者，比较有贤名。但如此名士尚难以容纳政见不同的贤人，难怪孔子叹息晋国不是他实现理想的地方。

15.7 孔子行，简子将杀阳虎，孔子似之，带甲以围孔子舍，子路愠怒，奋戟将下，孔子止之，曰：“由！何仁义之寡裕也！夫诗书之不习，礼乐之不讲，是丘之罪也。若吾非阳虎，而以我为阳虎，则非丘之罪也，命也！歌予和若。”子路歌，孔子和之，三终而围罢。

【译文】孔子出行，匡简子正追杀阳虎。孔子长得像阳虎，因此匡简子带兵围住孔子住处。子路很愤怒，举起铜戟正要冲出去，孔子拦住他说：“子由！为何仁义之士却缺少容忍之心呢？如果不讲习诗书礼乐，那是我的过错。如果说我不是阳虎却认为我是，这可不是我的过错了，这是天命。你唱着歌吧，我为你和乐。”子路于是唱起来，孔子和着，唱过三通之后，围兵撤走了。

【感悟】阳虎也名阳货，是掌握鲁国朝政的季孙氏家臣。他是个奇才，当人家的奴才竟能控制主子，发号施令，开创春秋时“陪臣执国政”的奇迹。阳虎曾为祸匡地。孔子长得像阳虎，被匡地乡民围困起来。面对危险，孔子泰然自若，潇洒弹琴退重围。

15.8 郑人或谓子贡曰：“东门有人，其颡似尧，其项类皋陶，其肩类子产，然自要以下不及禹三寸，累累若丧家之狗。”子贡以实告孔子。孔子欣然笑曰：“形状，末也。而谓似丧家之狗，然哉！然哉！”

【译文】郑国有人对子贡说：“东门有个人，他的额头像唐尧，脖子像皋陶，肩膀像郑子产，可是从腰部以下比禹短了三寸，一副狼狈不堪的样子，真像一条丧家狗。”子贡把原话告诉了孔子。孔子高兴地说：“他形容我的相貌，不一定对。但说我像条丧家狗，对极了，对极了！”

【感悟】这个郑国人也是个奇才，形容孔子的相貌竟引用了尧、舜、禹等的相貌，说明孔子长得很酷。落难的凤凰不如鸡，圣人落难像丧家之犬，比喻的真是贴切。好在孔子很大度，也开心地幽了自己一默，从而使人更觉得圣人的可亲可敬。

15.9 陈惠公大城，因起凌阳之台。未终而坐法死者数十人，又执三监吏，将杀之。夫子适陈，闻之，见陈侯，与俱登台而观焉。子曰：“美哉斯台！自古圣王之为城台，未有不戮一人而能致功若此者也。”陈侯默而退，遽窃赦所执吏。

【译文】陈惠公扩建城池，在凌阳筑造一座高台，还没有建成，因犯法而被处死的有几十人，又将负责筑台的三名官吏抓起来，准备杀掉。正在陈国的孔子听到这件事后，请见陈侯，两人一起登上高台观望。孔子说：“好壮观的高台，自古以来，圣王建造高台，从来没有不杀一个人而能有这么大的功绩的。”陈惠公听后，感到很羞愧，回去后匆忙赦免了被抓的官吏。

【感悟】孔子也狡猾狡猾的，救人救出了智慧。拍马屁也可积德行善，我们可以学习圣人的高超外交技巧。

15.10 孔子穷于陈、蔡之间，七日不尝食，藜羹不糁[1]。宰予备矣，孔子弦歌于室，颜回择菜于外。子路与子贡相与而言曰："夫子逐于鲁，削迹于卫，伐树于宋，穷于陈、蔡。杀夫子者无罪，藉夫子者不禁，夫子弦歌鼓舞，未尝绝音。盖君子之无所丑也若此乎？"颜回无以对，入以告孔子。孔子憱然推琴，喟然而叹曰："由与赐小人也。召，吾语之。"子路与子贡入，子贡曰："如此者，可谓穷矣！"子曰："是何言也？君子达于道之谓达，穷于道之谓穷。今丘也拘仁义之道，以遭乱世之患，其所也，何穷之谓？故内省而不疚于道，临难而不失其德，大寒既至，霜雪既降，吾是以知松柏之茂也。昔桓公得之莒，文公得之曹，越王得之会稽。陈、蔡之厄，于丘其幸乎！"孔子烈然返瑟而弦，子路抗然执干而舞。子贡曰："吾不知天之高也，不知地之下也。"

【译文】孔子在陈国和蔡国之间陷入困境，七天没饭吃，煮的野菜里也没有米粒。宰予饿坏了，孔子在屋里用瑟伴奏唱歌，颜回在外面选摘野菜。子路跟子贡一起说："先生在鲁国被逐，在卫国隐居，在宋国树下习礼时被人伐倒树，在陈国、蔡国遇到困境。要杀先生的人没有罪，凌辱先生的人不受禁止，而先生歌声从未中断过。君子竟是这样没有感到羞耻的吗？"颜回无言以对，进屋把这些话告诉了孔子。孔子脸色沉重地推开瑟，叹息着说："仲由和端木赐是小人啊！叫他们来，我告诉他们。"子路和子贡进来，子贡说："像现在这种情况，可以说是困窘了。"孔子说："这是什么话？君子实现了志向是通达，志向不能实现是穷困。而今我遭逢乱世却拥有仁义的理想，怎么是穷呢？所以我自己反省而不改变志向，在困难的时候而不丧失道德。冬天下雪之后，才能知道松柏的茂盛。从前齐桓公因出奔莒国而萌生复国称霸之心，晋文公出亡曹国、越王勾践因受会稽之耻也然。在陈国、蔡国遇到的困境，对我来说大概是幸运吧！"孔子威严地重新拿起瑟弹起来，子路威武地拿着盾牌跳起舞来。子贡说："我不知天的高远、地的广大啊！"

---

① 糁［sǎn］：方言，米粒（指煮熟的）。

【感悟】受困于陈、蔡之间，是周游列国期间最艰险的事件。在生死考验的关头，内部发生意见分歧是正常的。难能可贵的是，孔子作为主心骨，目标清晰，意志坚定，面对艰险泰然处之，并将弟子彷徨的心收拢，这堪称著名的心理学教学范例。

15.11 **孔子之楚，有渔者献鱼甚强，孔子不受。献鱼者曰："天暑远市，卖之不售，思欲弃之，不若献之君子。"孔子再拜受，使弟子扫除将祭之。弟子曰："夫人将弃之，今吾子将祭之，何也?"子曰："吾闻之，务施而不腐馀财者，圣人也。今受圣人之赐，可无祭乎?"**

【译文】孔子在楚国，有一位渔夫非常恳切地把一条鱼献给他，孔子不肯接受。献鱼人说："天气热，到远处市场上卖不出去，就想把它扔掉，还不如送给您。"孔子拜两拜后接受了，让弟子们将鱼清洗干净，并要祭祀它。弟子说："别人要丢掉它，现在您反而要来祭它，为什么呢?"孔子说："我听说过致力于施舍而不糟蹋多余财物的人，是圣人。现在我接受了圣人的赏赐，怎能不祭祀呢?"

【感悟】献鱼者是圣人，因为他的道德境界很高，名义上是送一条鱼，其本质是不糟蹋东西，尊重有知识、有文化的人。如果这个社会都讲节俭，尊重有德有才的人，肯定会形成良好的社会风气。

15.12 **仲尼之楚，楚王觞之，孙叔敖执爵而立，市南宜僚受酒而祭曰："古之人乎！于此言已。"曰："丘也闻不言之言矣，未之尝言，于此乎言之。市南宜僚弄丸而两家之难解，孙叔敖甘寝秉羽而郢人投兵，丘愿有喙三尺。"**

【译文】孔子到楚国，楚王宴请，孙叔敖拿着酒器站立一旁，市南宜僚把酒洒在地上祭祷说："古时人啊！在这种情况下总要说一说话。"孔子说："我听说有不用言谈的言论，但从不曾说过，在这里说上一说。市南宜僚从容不迫地玩弄弹丸而使两家的危难得以解脱，孙叔敖运筹帷幄使敌国不敢对楚国用兵。我多么希望有个长长的嘴巴来说上几句呀！”

【感悟】孔子刚到楚国，市南宜僚就出了个难题：您是圣人吗？何不讲讲话呢？孔子巧用身边人的例子，即孙叔敖和市南宜僚是通过不说话的方法平息了纷争，而孔子却是通过不说话的方法平息了辩论，虽达到的目的不一样，但方法却是相同的。庄子认为，无言，意味着无为，无所言说，无所作为，像大海一样，才能兼收并蓄。

15.13 哀公使以币如卫迎夫子，而卒不能赏用也。故夫子作丘陵之歌，曰：“登彼丘陵，峛崺[1]其阪。仁道在迩，求之若远。遂迷不复，自婴屯蹇。喟然回虑，题彼泰山。郁确其高，梁甫回连。枳棘充路，陟之无缘。将伐无柯，患兹蔓延。惟以永叹，涕霣潺湲。”

【译文】鲁哀公派遣使者带着礼物到卫国迎归孔子，但最后并没有重用他。孔子作了一首《丘陵之歌》，说：“登上那丘陵，小山坡崎岖连绵。仁道在身边，却自以为远而不会去探求。迷失方向不能回归正道，致使我的主张不能推广。喟然叹息，顾鲁而还。泰山的确挺拔高大，梁甫一般的小山蜿蜒连绵。枳棘布满山路，无法登攀。想要砍除枳棘手里却没有斧头，真担心它们像蔓草一样蔓延。只能深深地叹息，任凭泪水流淌。”

【感悟】鲁国终于用最隆重的礼节，请回了流浪在外十几年的本国圣人，但还是将孔子当成画像贴起来装扮门面。孔子空负报国热忱，也作歌徒唤奈何。孔子只讲课不创作，这首歌填补了孔子作品的空白。

15.14 孔子之去鲁凡十四岁而反乎鲁。

【译文】孔子离开鲁国一共度过了十四年而后又回到鲁国。

【感悟】悠悠十四年，多少酸甜苦。阔别归故乡，故乡月明否？

---

① 峛崺［lǐ yǐ］：逦迤。连绵不断的样子。

15.15 孔子之去齐，接淅而行。去鲁，曰：“迟迟吾行也，去父母国之道也。”

【译文】孔子离开齐国时，不等把米淘完就走。离开鲁国时却说：“我们慢慢走吧，这是离开父母之邦的路啊！”

【感悟】春秋时鲁国政权控制在“三桓”手中，鲁昭公想夺回权力，于公元前517年讨伐季孙氏，但大败，逃到齐国。在这个背景下，孔子也到齐国谋发展。离开故国，非常伤感，此情此景，终生难忘。

15.16 孔子适齐，齐景公让登，夫子降一等，景公三辞然后登。既坐，曰：“夫子降德辱临寡人，寡人以为荣也。而降阶以远，自绝于寡人，寡人未知所以为罪。”孔子答曰：“君惠顾外臣，君之赐也。然以匹夫敌国君，非所敢行也。虽君私之，其若义何？”

【译文】孔子到齐国，齐景公让孔子先上一级台阶，孔子却退下一级台阶，景公再三推辞后先登上台阶。落座后，齐景公说：“您降施恩德到我这里来，我以此为荣。但您却退后一级台阶和我拉开距离，您这是疏远我啊，我不知道哪里做错了？”孔子回答说：“国君惠顾我，是您对我的恩赐。但是让一个平民百姓与君主同等，这不是我敢做的。虽然您偏爱我，这样的话把道义置于何处呢？”

【感悟】这里有一连串的客气语词，如“让登、降一等、降德、降阶”等，勾画出一个求贤若渴、一个渴望明主的动人画面。但表面是客气的，背后依然是将圣人吊起来充当门面，你看，孔子的命就有这么苦！

15.17 景公问孔子曰：“昔秦穆公国小处辟，其霸何也？”对曰：“秦，国虽小，其志大；处虽辟，行中正。身举五羖，爵之大夫，起累绁之中，与语三日，授之以政。以此取之，虽王可也，其霸小矣。”

【译文】景公问孔子说：“从前秦穆公国小地偏，为何能称霸呢？”孔子说："秦国，国虽小却目标远大，地虽偏却施政得当。秦穆公举拔用五张羊皮赎来的大夫百里奚，才把他从拘禁中救出来，就和他一连晤谈了三天，随后把掌政大权交给他。由此观之，就是统治天下也是可以的，称霸诸侯还算成就小了呢！"

【感悟】孔子给齐景公开讲的第一课，是说明秦国为什么那么能干的问题。其过人之处有三点：一是无论国家还是个人，都要志向远大；二是要施政得当；三是重用贤才。

15.18 景公出田，寒，故以为浑，犹顾而问晏子曰："若人之众，则有孔子焉乎？"晏子对曰："有孔子，焉则无有？若舜焉则婴不识。"公曰："孔子之不逮舜为间矣，曷为'有孔子焉则无有，若舜焉则婴不识'？"晏子对曰："是乃孔子之所以不逮舜。孔子行一节者也，处民之中，其过之识，况乎处君之中乎？舜者处民之中，则自齐乎士；处君子之中，则齐乎君子；上与圣人，则固圣人之林也。此乃孔子之所以不逮舜也。"

【译文】齐景公去打猎，天寒却故作温暖的样子，还回头问晏子："如果有很多人，那么其中会有孔子那样的人吗？"晏子回答说："孔子是没有的，要是说有没有舜这样的人，那我就不知道了。"景公说："孔子不如舜一大截呢，什么叫'孔子是没有的，要是说有没有舜这样的人，那就不知道了'？"晏子回答说："这就是孔子不及舜的地方。孔子只能做到一部分美，他处在常人中，他的过人之处就能看到，更何况处在君子之中呢？而舜处在常人之中，就和普通士人一样；处在君子之中，就和君子一样；往上与圣人一起，他本来就列于圣人群中。这就是孔子不及舜的地方。"

【感悟】晏子为我们提供了一个审视孔子的不同视觉。晏子对孔子的评价，更多的是从一个政治家的角度来"对付"孔子——一个绝对厉害的对手。这就是圣人与政客的差别。孔子者，圣人也；晏子者，政客也。圣人以教化民众为目的；政客以实现政治抱负为目的。他们的差别，就是胸怀的不同。圣人，胸怀天下；政客，赢得天下！

15.19 孔子见齐景公，景公致廪丘以为养，孔子辞不受，出谓弟子曰：“吾闻君子当功以受禄，今说景公，景公未之行而赐我廪丘，其不知丘亦甚矣!”遂辞而行。

【译文】孔子谒见齐景公，景公送给他廪丘作为食邑。孔子谢绝了，出来后对弟子们说：“我听说君子有功而接受俸禄，现在我劝说景公听从我的主张，景公还没有实行，却要赏赐给我廪丘，他太不了解我了。”让学生们赶快套好车，告辞以后就走了。

【感悟】无功不受禄，乱赏必坏政。孔子从齐景公轻率封赏这件事上，看出他不是一个明君，不是一个能让自己实施抱负的明君。既然这样，还不如走为上策!

15.20 孔子观周，遂入太祖后稷之庙。庙堂右阶之前，有金人焉，三缄其口，而铭其背曰：“古之慎言人也，戒之哉！无多言，多言多败；无多事，多事多患。安乐必戒，无所行悔。勿谓何伤，其祸将长；勿谓何害，其祸将大；勿谓不闻，神将伺人。”

【译文】孔子在东周国都观览，进入周太祖后稷的庙内。庙堂右边台阶前有铜铸的人像，嘴被封了三层，还在人像的背后刻着铭文：“这是古代说话谨慎的人。警惕啊！不要多言，多言多败；不要多事，多事多患。安乐时一定要警惕，不要做后悔的事。不要以为话多不会有伤害，祸患是长远的；不要以为话多没害处，祸患将是很大的。不要认为别人听不到，神在监视着你。”

【感悟】孔子到洛邑学习考察，从一座金人的铭文中看出待人处世的基本道理，那就是做事要谦虚谨慎，小心你的嘴巴。须知祸从口出，慎于言行，才能走得更远。

【点睛之笔】

坚守梦想，坚持走自己的路

有两个小朋友，见了同一个人，讲出了基本相同的话，结局却不尽相同。

一人说："唉，大丈夫就应该像这样！"一人说："那个人，我可以取代他！"这是秦始皇出游时的故事。两个小朋友，第一个是刘邦，见到秦始皇时，很谦虚，说人啊，应该向英雄模范看齐。第二个是项羽，不太谦虚，虽有那个实力，最终也做到了，就是守不住。

不过，两个人都朝着这个梦想去努力，不管结局如何，他们都按照各自的目标奋进，实现了童年的梦想。只要梦想不死，加之努力奋斗，一切皆有可能！

孔子的梦想，就是施展自己的才华，使仁政遍行天下，重新营造一个像尧舜时代一样的太平盛世。尧舜时代的宝贵精神，就是中华民族追求千百年的天下为公的大同理想。那个时候，国家由贤人执政，君主之位实行禅让制。有德有才的人，需通过严格的磨炼和考核，才能继承这个事业，其德行是全社会公认最好的。

孔子矢志不移地坚守这个梦想，在父母之邦鲁国得不到重用时，绝不降低标准和理想，毅然出走，周游列国，到处营销自己的理念，即使遇到艰难困苦，都不会动摇理想和目标。如果有人说，孔子的理想是天上飞的，那么我告诉你，孔子的理想是经过实践检验，并能真正落地的崇高理想。

人，没有梦想，就没有生命的颜色，就会成为平平凡凡的人；人若不能主动去实现梦想，就如画饼充饥、空中楼阁，不值一提。孔子的宝贵精神，是重在实践，在实践中实现理想，让梦想造福于民。

梦想贵在坚守。如贝多芬多音乐梦想的坚持，即使在失聪的情况下仍继续创作，著名的《第九交响曲》就是在这时期创作的。还有梵高的执着的绘画梦想，虽然很遗憾的是他在生前作品没受到人们的欣赏，但在那种世人漠视、穷困潦倒的环境下，仍能坚持着自己的梦想，画自己想画的画，这也着实是非常人所能及的啊。

梦想的实现，贵在坚持走自己的路。即使是住在地下室，我们都应该给自己画出一扇窗户，让心灵照射到梦想的阳光。

有志者事竟成。目标高，飞得高！朋友，把你的梦想和目标分解成一步一步的具体行动，全力以赴，相信，你一定能获得惊人的成功！

第 16 篇　问政

导读：孔子倡导入世的思想，修身是根本，其目的是为了齐家、治国、平天下。如果人的自身修养到家了，就要为社会所用。孔子的为政思想，是重用贤人，实行仁政，用仁德感化万民，用礼制规制百姓，如是则天下治。主要内容选自《孔子家语》、《礼记》、《左传》等。

16.1　哀公问政于孔子。孔子对曰："政之急者，莫大乎使民富且寿也。"公曰："为之奈何？"子曰："省力役，薄赋敛，则民富矣；敦礼教，远罪疾，则民寿矣。"

【译文】鲁哀公向孔子请教为政之道。孔子说："为政最急迫的任务，莫过于使百姓富足和长寿。"哀公说："怎样做呢？"孔子说："减少劳役，减轻赋税，百姓就会富足；敦促人们学习礼教，使他们远离罪恶和疾病，百姓就会长寿。"

【感悟】对于国家来说，民生问题永远是第一位的。孔子的看法非常准，首先是要有强大的物质基础，使民富裕，民富则国强；其次是要关心百姓的身心健康，这关系到社会建设的方方面面。

16.2　哀公曰："敢问人道谁为大？"孔子愀然作色而对曰："君之及此言也，百姓之德也，固臣敢无辞而对？人道政为大。"公曰："敢问何谓为政？"孔子对曰："政者正也。君为正，则百姓从政矣。君之所为，百姓之所从也。君所不为，百姓何从？”公曰：“敢问为政如之何？”孔子对曰：“夫妇别，父子亲，君臣严，三者正则庶物从之矣。”

【译文】鲁哀公问：“请问人道中哪方面最重要？”孔子神色肃然地说：“您考虑到这问题，是百姓的福分。臣怎敢无言对答呢？人道中政治最重要。”哀公问：“什么是为政之道呢？”孔子说：“政就是正。国君做得正，百姓就跟从做得正。国君的所作所为，是百姓的榜样。国君不做的话，百姓跟谁学呢？”哀公又问：“如何治理政事呢？”孔子说：“夫妇有分别，父子相亲爱，君臣相敬重。这三件事做得正了，其他事情就跟着做得正。”

【感悟】孔子对国家领导人的要求很高，因为他们是百姓的道德模范。你身子站得正，百姓跟着站得正。但这个理念依然摆脱不了人治的色彩。如果这些人站不正，这个社会如何有办法叫他们必须站正呢？

16.3 哀公问于孔子曰：“夫国家之存亡祸福，信有天命，非唯人也？”孔子对曰：“存亡祸福，皆己而已，天灾地妖，不能加也。”

【译文】鲁哀公问孔子说：“国家的存亡祸福，是由天命决定的，不是人力所能左右的吗？”孔子回答说：“存亡祸福都是由人自己决定的，天灾地祸都不能改变国家的命运。”

【感悟】一个国家、一个民族能否在世界上站稳脚跟，关键在人，不在天。只要人心齐，上下一心，多难也能兴邦。

16.4 子路问于孔子曰：“贤君治国，所先者何？”子曰：“在于尊贤而贱不肖。”

【译文】子路问孔子说：“贤君治国，首要的事情是什么？”孔子说：“在于尊重贤人，轻视不贤的人。”

【感悟】只有做到亲贤人、远小人，国家才能兴盛。

16.5 子曰：“善进，则不善无由入矣；不善进，则善无由入矣。”

【译文】孔子说：“好人得以进用，不好的人就没有缘由进来了；不好的人得以进用，好人就没有缘由进来了。”

【感悟】这是个导向问题。只要德才兼备的人得到重用，无才无德的人的空间就会变小。

16.6 子曰：“为人君者犹盂也，民犹水也。盂方水方，盂圜[①]水圜。”

【译文】孔子说：“做君主的就好像盂，民众就像水。盂是方的，民众就是方的；盂是圆的，民众就是圆的。”

【感悟】国家的导向和示范很重要，尤其是社会风气。好的导向和示范给社会带来的是正能量，这也对宣传工作提出了新的紧迫要求。

16.7 子曰：“与其使民谄下也，宁使民谄上。”

【译文】孔子说：“与其使人们讨好下级，不如使他们服从上级。”

【感悟】这个“谄”字，不是“谄媚”的意思。这里是说，不该做的事去做也是“谄”。与其将单位弄成没有上下关系的“好模式”，还不如遵守一定的秩序，使上下级之间的关系清晰。

16.8 子曰：“**政宽则民慢，慢则纠之以猛。猛则民残，残则施之以宽。宽以济猛，猛以济宽，政是以和。**”

【译文】孔子说：“施政宽和则百姓怠慢，就用严厉措施来纠正；施政严厉则百姓受伤害，就用宽和的方法。宽和用来调节严厉，反之亦然，政事因而和谐。”

---

① 圜：通“圆”。

【感悟】这是孔子中庸之道在政治上的运用。我们老是犯这样的错误，在社会管理上，总是一放就松，一松就乱，一乱就管，一管就死，一死就放。如此循环往复，既损耗资源，又挫伤社会的积极性。

16.9 孔子过泰山侧，有妇人哭于墓者而哀，夫子式而听之，使子路问之曰："子之哭也，一似重有忧者。"而曰："然，昔者吾舅死于虎，吾夫又死焉，今吾子又死焉。"子曰："何为不去也？"曰："无苛政。"子曰："小子识之，苛政猛于虎也。"

【译文】孔子路过泰山，见一妇人在墓前哭得很伤心，便手扶车的横木，身子微向前倾地倾听，并让子路去问那妇人："听您的哭声，好像接二连三遭到不幸似的。"妇人说："是啊。过去我的公爹被老虎咬死了，接着丈夫又被咬死了，现在儿子也被老虎咬死了。"孔子问："为何不离开这里呢？"妇人说："因这里没有繁重的徭役和赋税。"孔子对学生说："你们记住，繁重的徭役和赋税，比老虎还厉害！"

【感悟】苛政猛于虎，真是石破天惊！今天的为政者也要牢记这句话！

16.10 子曰："凶年则乘驽马，祀以下牲。"

【译文】孔子说："凶荒年景，乘车要用差一等的马，祭祀用牲的规格也要降级。"

【感悟】为政者应以人为本。在国家经济状况不好时，不应该铺张浪费；即使在经济状况好时，也要厉行节约之风。

16.11 子曰："政之不行也，教之不成也，爵禄不足劝也，刑罚不足耻也。故上不可以亵刑而轻爵。"

【译文】孔子说："政令不能推行，教化没有成效，是由于爵禄失当，不足以劝人向善；刑罚失当，不足以使坏人感到羞耻。所以君主不能随心所欲动用刑罚，不可随随便便颁发爵禄。”

【感悟】无论是赏赐还是惩罚，都是为实施政事服务的。如果随随便便评先进，随心所欲惩罚人，那么社会风气哪能会好呢?

16.12 孔子年五十六，由大司寇行摄相事，有喜色。门人曰：“闻君子祸至不惧，福至不喜。”子曰：“有是言也。不曰‘乐其以贵下人’乎?”

【译文】孔子五十六岁时，以大司寇的身份代行国相职务，脸上有喜色。弟子们说：“听说君子祸临头不恐惧，福到来不喜形于色”。孔子说：“有这句话，但不是还有一句‘乐在身居高位而礼贤下士’的话吗?”

【感悟】孔子是老来当官，掌握了大权，心里很舒畅。为什么呢？是因为可以一展抱负了，并不是为取得以权谋私的至高权力而高兴。贤人当官，才能提拔贤人当官，这个道理很简单。

16.13 子曰：“推贤而戴者进，聚不肖而王者退。”

【译文】孔子说：“推荐贤能，受到人民拥戴的人才会前来；聚集不肖之徒，即使能成就王业的人也会引退。”

【感悟】“蓬生麻中，不扶则直”，说的是环境能够改变人。如果为政者能建立让贤人脱颖而出的机制，那么无德无才的人自然就没有了市场。

16.14 子曰：“君者，舟也；庶人者，水也。水则载舟，水则覆舟。”

【译文】孔子说：“君主，好比船；百姓，好比水。水能载舟，水能覆舟。”

【感悟】很多人以为“水能载舟，亦能覆舟”这句话是魏征原创的，其实孔子才是原创者，版权所有人。国家与人民是相互关联的存在，既可以成正比，也可以成反比。当你爱民如子时，国民的力量是正比例；你剥削人民的力越大，反作用就越大。

16.15 子曰："家不藏甲，邑无百雉之城。"

【译文】孔子说："大夫家中不得收藏武器，大夫封邑不能有超过百雉的城墙。"

【感悟】孔子当上了鲁国司法部长（大司寇），还代理总理（摄相），新官上任，立马着手重建国家和社会秩序，一切都按照规定办事，谁的家中都不能拥有武器，家庭不能弄成封建堡垒似的与国家对抗。

16.16 子贡进曰："夫少正卯，鲁之闻人也。今夫子为政而始诛之，或者为失乎？"子曰："居，吾语汝以其故。天下有大恶者五，而窃盗不与焉：一曰心逆而险，二曰行僻而坚，三曰言伪而辩，四曰记丑而博，五曰顺非而泽。此五者有一于人，则不免君子之诛，而少正卯皆兼有之。"

【译文】子贡向孔子进言："少正卯是鲁国知名人士，现在您执掌朝政首先杀掉他，可能有些失策吧？"孔子说："坐下来，我告诉你杀他的缘由。天下称得上大恶的有五种，连盗窃行为也不包括在内：一是通达事理却又心存险恶，二是行为怪僻而又坚定固执，三是言语虚伪却又能言善辩，四是对怪异的事知道得过多，五是言论错误还要为之润色。这五种大恶，人只要有其中一种，就免不了被君子诛杀，而少正卯五种恶行样样都有。"

【感悟】孔子任司法部长，首先是整肃社会风气，就像现在整顿网络谣言一样，将貌似达人其实是包藏祸心的少正卯杀了，他这样做就是为了形成良好的社会风气。

16.17 颊谷之会，孔子相焉。两君就坛，两相相揖，齐人鼓噪而起，欲以执鲁君。孔子历阶而上，不尽一等，而视归乎齐侯，曰："两君合好，夷狄之民，何为来为？"命司马止之。齐侯逡巡而谢曰："寡人之过也。"退而属其二三大夫曰："夫人率其君与之行古人之道，二三子独率我而入夷狄之俗，何为？"罢会。齐人使优施舞于鲁君之幕下。子曰："笑君者罪当死。”使司马行法焉，首足异门而出。齐人来归郓、谨[1]、龟阴之田者，盖为此也。

【译文】齐国和鲁国在颊谷会见时，鲁国方面由孔子主持礼仪。两国国君走上祭坛，司仪相互行礼，周围的齐国人疯狂地叫喊起来，想来捉拿鲁君。孔子沿着祭坛的台阶急步走上去，还没等走完最后一级台阶就回过头来，目光注视着齐景公说：“国君相会应是融洽友好的，夷狄国家的野蛮人为何来到这里，究竟想干什么？”命令司马制止他们。齐景公犹豫片刻，带着歉意说：“这是我的过错。”退下后责备身边的几个大夫说：“孔子陪着国君，和他一起履行古人的礼义，而你们却带着我陷入了夷狄的野蛮习俗，想干什么？”于是中止了与鲁君的会见。齐国人又派优施在鲁君的帐篷前跳舞。孔子说：“嘲笑国君的人，罪当处死！”就派司马执行这个法令，杀掉了优施，并把他的头和脚从不同的门带出去。此后，齐国人前来归还被占的郓、谨、龟阴这三块土地，大概是因为这件事吧。

【感悟】孔子被称为“万世师表”，所以后世的人以为孔子是一个教书匠而已。其实，孔子不仅是政治家、思想家、教育家，还堪称军事家、外交家。颊谷之会，充分展示了孔子的政治谋略、军事手段和外交手腕。圣人之所以为圣人，是因为他一通百通。

16.18 仲尼为政于鲁，道不拾遗，齐景公患之。黎鉏[2]谓景公曰：“去仲尼犹吹毛耳。君何不迎之以重禄高位，遗哀公女乐以骄荣其意。哀公新乐之，必怠于政，仲尼必谏，谏必轻绝于鲁。”景公曰：“善。”乃令黎鉏以女乐六遗哀公，哀公乐之，果怠于政。仲尼谏，不听，去而之楚。

【译文】孔子在鲁国执政，道不拾遗，齐景公对此感到忧虑。黎鉏对景公说：“除去孔子就像吹掉一根毫毛那样容易。您何不用优厚的待遇和高贵的地

---

① 谨［huān］：通“欢”，喜悦。
② 鉏［chú］：古同“锄”。

位去迎聘孔子，送给哀公歌妓来惑乱他的意念。哀公得到新乐，必懈怠政事，孔子必然要劝谏，劝谏不听必然会离开鲁国。”景公说：“很好。”于是令黎鉏将四十八个歌妓赠送给鲁哀公。哀公很喜欢，果然懈怠于政事。孔子劝谏，哀公不听，孔子就离开了鲁国去楚国。

【感悟】从16.12那条开始，到这一条，可以说是“孔子相鲁”的素描。孔子为政三年，成果卓然，才惹来了齐国的反间计。用金钱美女做诱饵，始终是反间计屡试不爽的有效手段。

16.19 《诗》曰：“执辔如组。”子曰：“审此言也，可以为天下。”子贡曰：“何其躁也！”子曰：“非谓其躁也，谓其为之于此，而成文于彼也。”

【译文】《诗经》中说；“手执缰绳驭马如同编织花纹一样。”孔子说：“明白这句话的含义，就可以治理天下。”子贡说：“照诗句中所说的去做，举止太急躁了吧！”孔予说：“这句诗不是说驭者动作急躁，而是说丝线在手中编织，而花纹却在手外成形。”

【感悟】“执辔如组”，是说一个大力武士在领队舞蹈，手里拿马缰绳就像拿自己的帽子带一样，竟这么爱惜马匹。对马如此，对人可想而知。子贡只看到这乱哄哄的场面，未能看到里面的道德内涵。孔子从中看到了仁恕之道，只要懂得推己及人，己所不欲，勿施于人，就足够治理天下了。

16.20 哀公问于孔子曰：“寡人闻忘之甚者，徙而忘其妻，有诸?”孔子对曰：“此犹未甚者也，甚者乃忘其身。”公曰：“可得而闻乎?”子曰：“昔者夏桀，贵为天子，富有四海，忘其圣祖之道，坏其典法，废其世祀，荒于淫乐，耽湎于酒；佞臣谄谀，窥导其心；忠士折口，逃罪不言。天下诛桀而有其国，此谓忘其身之甚矣。”

【译文】鲁哀公问孔子说：“我听说有忘事很严重的人，搬家时把妻子都忘掉了，有这种事吗？”孔子回答说：“这还不算严重的，严重的连他自己也会忘掉。”哀公说：“能说给我听听吗？”孔子说：“从前夏桀贵为天子，富有天下，但却忘记了他圣明祖先的为政之道，破坏了典章法制，废弃了世代相继的祭祀，放纵地淫逸享乐，沉迷于饮酒；佞臣阿谀奉承，揣摩诱导他的心思；忠臣闭口，为逃避罪责而不发表言论。天下人起而灭桀，并占有了他的国家，这就是忘记自身很严重的情况。”

【感悟】一个普通人，搬个家把老婆忘记了不算什么，最多是影响一家子。一个国君忘记了天下，忘记了百姓，这个影响就大了。人不能数典忘祖，否则就如桀纣。

16.21 子路为蒲大夫，辞孔子。子曰：“蒲多壮士，又难治。然吾语汝：恭以敬，可以执勇；宽以正，可以比众；恭正以静，可以报上。”

【译文】子路出任蒲邑的大夫，向孔子辞行。孔子说：“蒲邑勇武之士很多，又难治理。可是，我告诉你：恭谨谦敬，就可以驾驭勇武的人；宽厚清正，就可以使大家亲近；恭谨清正而社会安定，就可以用来报效上司了。”

【感悟】子路是一个很有决断能力的人，这是他的优点也是他的缺点。孔子告诫他上任后，要解决的依然是自身的问题，如果自己不依靠勇力办事，能恭敬处事，这样在哪里都能做好工作。

16.22 子贱治单父，弹鸣琴，身不下堂，而单父治。巫马期以星出，以星入，日夜不处，以身亲之，而单父亦治。巫马期问于子贱，子贱曰：“我任人，子任力。任人者佚，任力者劳。”

【译文】宓子贱治理单父，终日弹琴，很少迈出公堂，但单父被治理得很好。宓子贱的前任巫马期就不同了。每天披星戴月，日夜操劳，亲力亲为，在他的任期内，单父也治理得很好。后来巫马期去拜访宓子贱，询问其中的缘故。宓子贱说：“我的办法是使用人才，你的办法是使用气力。使用人才的当然安逸，靠一己之力的当然辛苦。”

【感悟】松下幸之助指出，“管理员工百人，我身先士卒；员工千人，我督察管理；超过万人，我唯有祈祷”。因此，做卓有成效的管理者，必须要有好的工作机制，再加上用人得力，工作自然就轻松了。

16.23 **子贡观于蜡，子曰：“赐也乐乎？”对曰：“一国之人皆若狂，赐未知其乐也。”子曰：“百日之蜡，一日之泽，非尔所知也。张而不弛，文武弗能也。弛而不张，文武弗为也。一张一弛，文武之道也。”**

【译文】子贡观看蜡祭，孔子问：“你看出蜡祭给人们带来欢乐了吗？”子贡答：“举国上下都像是在发酒疯，我看不出乐在何处？”孔子说：“人们辛勤劳作一年，才有这么一天享受，这是你体会不到的。让民众一味紧张而得不到放松，即使文王、武王也不能把天下治理好；让民众一味放松而不紧张，文王、武王也不会这么办。该紧张时紧张，该放松时放松，这才是文主、武王治理天下的办法。”

【感悟】孔子认为，治理国家要坚守中庸之道，学习周文王、周武王的办法，宽严互相补充，交替使用。生活也是如此，生活的松紧和工作的劳逸要合理安排，这样才会充满情趣。

16.24 **子曰：“参，女以明王为劳乎？昔者，舜左禹而右皋陶，不下席而天下治。”**

【译文】孔子说：“曾参，你以为明君很操劳吗？以前，舜左有大禹、右有皋陶辅助，不需要操劳而天下大治。”

【感悟】治国理政的最高艺术，就是能建立让贤人脱颖而出的制度和机制，选贤任能，这样的话，天下就太平了，孔子所追求的尧舜时代也就不远了。

【点睛之笔】

办点实事，为政一方造福一方

潮汕地区有一句俗语：“潮汕江山半姓韩。”这其中具有什么意义呢？

唐宪宗元和十四年（公元819年），韩愈因为上表谏迎佛骨，严重得罪了皇帝，被贬到最边远的潮州喝西北风。那时，潮州属于蛮荒之地，瘴气多多；沿途重山关阻，困难重重。要到达这里，真是九死一生。

韩愈克服了“雪拥蓝关马不前”的艰险，来到了潮州。这里虽未开风化，但也民风淳朴向善。由于饱受天灾人祸和鳄鱼危害之苦，到任之后，韩愈放开手脚，驱鳄鱼，为民除害；请教师，办乡校；计庸抵债，释放奴隶；率领百姓，兴修水利，排涝灌溉。

韩愈任潮州刺史只有短短的八个月，一系列措施取得显著成效，这里文化日益兴盛，开岭南风气之先。为纪念韩愈的功绩，善于感恩的潮州人将鳄溪改名为韩江，笔架山改称为韩山，植下橡树叫韩木，建造祠堂叫韩祠，自此“潮州山水皆姓韩”。

这正是：为人民的利益服务的，人民永远不会忘记他；损害人民利益的，就让他像秦桧一样，永远跪在岳坟前面，钉在历史耻辱柱上！

儒家倡导入世的思想，入世的主要途径是为政，说白了就是当官，正如孔子说的，只有身居高位，才能让更多的贤人脱颖而出。只有更多的贤人出来做事，这个国家才会有希望。

在那个时代，有一些隐士看不惯孔子四处营销为政理念的做法。有人对孔子的学生说，天下混乱到了极点，与其跟着你老师四处推销为政之道，还不如跟着我们隐居，避开这个混乱的世道。

孔子对此很感叹，天下如果人人洁身自好，避世而居，那么这个世道岂不是更混乱？如果贤人不多占一个职位，多做点有益于社会的事情，朝政就会被奸诈小人所把持，老百姓的日子岂不更艰难？

因此，孔子一旦走上政坛之路，就大展拳脚，整顿国家司法体系，推行道德仁义教化，“强公室，抑私家”，引导社会风气，诛杀少正卯，处理好外交事务，很快就取得了重大成就。

没多久，鲁国路不拾遗，一片欣欣向荣，也引来了齐国的嫉妒。虽然事业未竟，但说明孔子的治国理念绝不是空中楼阁，是能够实行并取得卓越成就的。

老百姓心中有杆秤。历史上不会埋没一位清官，更不会姑息一个贪官。他们都要接受历史的公正评价，各自归到合适的地方，或受千秋厚敬，或受万载唾骂！

主要参考书目

1. 徐子宏译注．周易全译．贵州人民出版社，1991.5
2. 张觉校注．潜夫论校注．岳麓书社，2008.5
3. 于淑娟著．韩诗外传研究．上海古籍出版社，2011.10
4. 钟肇鹏、萧文郁点校．七纬．中华书局，2012.9
5. 石光瑛校释．新序校释．中华书局，2001.1
6. 钟敬译注．法言．中华书局，2012.10
7. 王钧林、周海生译注．孔丛子．中华书局，2009.10
8. 向宗鲁校证．说苑校注．中华书局，1987.7
9. 杨广杰、李绍雪注译．战国策全集．海潮出版社，2010.12
10. 刘殿爵主编．尚书大传逐字索引．香港商务印书馆，1994
11. 方勇译注．墨子．中华书局，2011.10
12. 景中译注．列子．中华书局，2007.11
13. 胡平生、陈美兰译注．礼记·孝经．中华书局，2007.12
14. 万丽华、蓝旭译注．孟子．中华书局，2006.9
15. 安小兰译注．荀子．中华书局，2007.12
16. 金良年导读、梁谷整理．国语．上海世纪出版集团，2008.12
17. 张宗祥校注、郑绍昌标点．论衡校注．上海古籍出版社，2010.3
18. 高华平、王齐洲、张三夕译注．韩非子．中华书局，2010.6
19. 汤化译注．晏子春秋．中华书局，2011.5
20. 承载著．春秋谷梁传．上海古籍出版社，2004.7

21. 刘尚慈译注．春秋公羊传．中华书局，2010.5
22. 孔祥金注释．孔子家语．内蒙古人民出版社，2009.3
23. 赵鹏俊译注．孔子集语．内蒙古人民出版社，2009.3
24. 班固著．汉书．中华书局，2012.4
25. 范晔著．后汉书．中华书局，2012.4
26. 钟雷主编．论语．哈尔滨出版社，2004.4
27. 刘琦译评．论语．吉林文史出版社，2009.4
28. 杨佐仁、宋均平著．孔子传．齐鲁书社，1999.9
29. 王梦鸥注译．礼记今注今译．新世界出版社，2011.8
30. 朴秀豪主编．论语．延边大学出版社，2005.4
31. 于丹著．于丹《论语》心得．中华书局，2006.11
32. 张燕婴译注．论语．中华书局，2006.9
33. 辜鸿铭著．辜鸿铭讲《论语》．北京理工大学出版社，2013.1
34. 胡仲平译注．庄子．北京燕山出版社，2011.6
35. 宋淑萍编著．《论语》：中国人的圣书．中国友谊出版公司，2013.3
36. 陈桐生译注．子思子·曾子．中华书局，2009.10
37. 李零等译．史记．新世界出版社，2009.1
38. 张双棣等译注．吕氏春秋．中华书局，2007.12
39. 石磊译注．商君书．中华书局，2009.10
40. 杨伯峻前言、蒋冀骋标点．左传．岳麓书社，1988.12
41. 程俊英等译．白话四书五经．岳麓书社，1994.9
42. 左丘明著．春秋左传．万卷出版公司，2008.5
43. 许慎著．说文解字．中国戏剧出版社，2007.1
44. 司马迁著．史记．岳麓书社，1988.10
45. 文景刚著．至圣孔子．内蒙古人民出版社，2009.3
46. 曲阜市档案馆编．孔子与曲阜．中国档案出版社，2003.7
47. 孟继新著．孔子家史．远方出版社，2003.5

48. 黄怀信主撰. 大戴礼记汇校集注. 三秦出版社，2005. 1
49. 李炳南讲述. 论语讲要. 长江文艺出版社，2011. 5
50. 朱熹著. 论语集注. 齐鲁书社，1992. 4
51. 黎东方著. 孔子. 中国工人出版社，2010. 2
52. 井上靖著、刘藜沙译. 孔子. 北京十月文艺出版社，2010. 1
53. 钱穆著. 孔子传. 九州出版社，2011. 7
54. 国学网. 公孙龙子
55. 汉郑玄著、清刘宝楠注. 论语正义. 上海书店，1986. 7
56. 李炳南、徐醒民著. 论语讲要. 长江文艺出版社，2011. 5

主要参考网站

1. 百度搜索
2. 古诗文网
3. 中国孔子网
4. 国学导航
5. 国学网
6. 易文言网